Fritz J. Raddatz

DAS TAGE-BUCH

Portrait einer Zeitschrift

Fritz J. Raddatz

DAS TAGE-BUCH

Portrait einer Zeitschrift

Athenäum
1981

CIP-Kurztitelaufnahme der Deutschen Bibliothek

Raddatz, Fritz J.:
Das Tage-Buch : Portr. e. Zeitschr. / Fritz
J. Raddatz. – Königstein (Ts.) : Athenäum,
1981.
ISBN 3–7610–9605–4

Umschlagentwurf: Vollendorf, München
Gesamtherstellung: Friedrich Pustet, Regensburg
Printed in Germany
ISBN 3–7610–9605–4

Golo Mann nannte ihn „Deutschlands bedeutendsten politischen Publizisten seit Friedrich von Gentz“ und Kurt Tucholsky schrieb 1933 an den Freund Walter Hasenclever: „Das ‚Neue Tage-Buch‘ ist famos . . . Schwarzschild hat einen Instinkt, eine Witterung – ganz famos. Er schreibt auch immer besser und entwickelt sich großartig. Kurz: Es ist eine ungetrübte Freude. Ich empfehle das Blatt überall“.

Das betraf einen Journalisten, der zu dem Zeitpunkt bereits im französischen Exil saß, seine 1920 zusammen mit Stefan Großmann unter dem Titel „Tage-Buch“ gegründete Zeitschrift herausgab – ein Blatt, dessen Chefredakteur Carl von Ossietzky mehrere Jahre war, bis er 1926 – als Nachfolger Siegfried Jacobsohns – Herausgeber der „Weltbühne“ wurde. „Weltbühne“ und „Tage-Buch“ waren die einander ergänzenden, aber sich auch als Konkurrenten verstehenden wichtigsten kulturpolitischen Wochenschriften der Weimarer Republik; übrigens mit einer die Grenze von 15. 000 Exemplaren nie übersteigenden Auflage. Herz und Hirn des „Tage-Buch“ war Leopold Schwarzschild, 1891 als jüngstes von elf Kindern einer alten jüdischen Frankfurter Kaufmanns- und Gelehrtenfamilie geboren und, selbst im Ort seines Todes noch ein Stück Geschichte der ersten deutschen Republik gleichsam zitierend, 1950 bei Rapallo während einer Reise aus seiner dritten Exilheimat USA gestorben: ein Mann, der den Titel seiner umstrittenen Karl-Marx-Biographie „Der rote Preuße" variierend genannt werden kann „Der schwarze Preuße".

Der studierte Historiker und Nationalökonom begann seine journalistische Laufbahn vor dem 1. Weltkrieg bei der renommierten „Frankfurter Zeitung", und seine literarischen Neigungen zeigt ein erster und einziger dramatischer Versuch aus dem Jahre 1918 „Der Sumpf", der im Jahre 1921 immerhin von 26 deutschen Bühnen aufgeführt wurde. Die Mitarbeit an verschiedenen Blättern – Frankfurter „Generalanzeiger", „Wiener „Zeit", „Europäische Staats- und Wirtschaftszeitung" – hatte seinen Namen immerhin derart bekannt gemacht, daß der Feuilletonchef der „Vossischen Zeitung, Stefan Großmann, ihm 1919 anbot, gemeinsam ein eigenes, unabhängiges Blatt zu gründen – die Wochenzeitschrift „Das Tage-Buch". Schon in einer redaktionellen Notiz in der letzten Nummer des 2. Jahrgangs heißt es: „Am 1. Januar 1922 tritt das Tage-Buch in seinen dritten Jahrgang. Schwierigkeiten des Anfangs sind überwunden.

Das Tage-Buch ist in den zwei Jahren seines Bestandes zur führenden deutschen Wochenschrift geworden, ohne einer Partei zuzugehören, ohne einem literarischen Klüngel sich anzuschließen, ohne banal zu werden. Langsam kann das Tage-Buch weiter ausgebaut werden. Vom 1. Januar an wird der bisherige Umfang des Tage-Buches um ein Viertel vergrößert werden. An diesem Tage tritt Leopold Schwarzschild in die redaktionelle Leitung des Tage-Buches ein. Es wird der wirtschaftliche und finanzielle Teil der Zeitschrift, abgesondert und verstärkt als Wirtschaftliches Tage-Buch geführt werden. Die Vergrößerung gestattet auch den künstlerischen Teil des Tage-Buches zu erweitern. Wir beginnen im 1. Heft des neuen Jahres mit dem Abdruck der jüngsten Arbeit von Jakob Wassermann ‚Oberlin auf der Schwelle'." (Das Tage-Buch/Heft 51 Jahrg. 2/Berlin, 24. Dez. 1921)

Diese eher nüchterne Ankündigung birgt drei Elemente, gleichsam die drei wesentlichen Grundsätze einer Wochenschrift: Verlegerische Unabhängigkeit, politische Radikalität – die durch die Person Leopold Schwarzschilds militant republikanisch, vehement anti-marxistisch und später brisant antifaschistisch zugleich war – und den Versuch, eine Bühne zu bilden für die intellektuellen Debatten der Zeit. Alles drei gelang auf gloriose Weise.

Großmann und Schwarzschild waren finanziell unabhängige Leute. Schwarzschild, – wie alle seine bedeutenden journalistischen Zeitgenossen, ob Siegfried Jacobsohn oder Theodor Wolf, zweite Generation eines wohlhabenden jüdischen Großbürgertums, das sich nach erfolgreichem Handel und Erwerb die aktive Teilhabe an Bildungsprozessen leisten konnte – führte, wie einer Auskunft seiner Witwe zu entnehmen ist, zeitlebens eine Bürgerexistenz behaglichen Zuschnitts. Schon zwei Jahre nach seinem Eintritt löste sich die Zeitschrift vom bisherigen Verleger Ernst Rowohlt: „Abschied von Rowohlt. Auf diesem Heft des ‚Tage-Buches' fehlt Dein Name schon, blonder Riese aus Bremen. Es hilft nichts, Schneuztüchlein hervor, die Arme ausgebreitet, die Stimme beginnt zu glucksen – Abschied von Ernst Rowohlt. So sieht der Abschied von ferne aus. In der Nähe aber war das ‚Tage-Buch' schon seit zwei Jahren ein Gebilde für sich – kein Verlagsorgan, sondern das Organ seiner Herausgeber, nicht abhängig von irgendwem, sondern längst auf eigenem Separatkonto laufend. Wenn wir jetzt auf dem Tage-Buch-Schiff die Flagge Rowohlt einziehen und den eigenen Tage-Buch-Wimpel flattern lassen, so geschieht's nur, weil wir beide zu groß geworden sind. Du, Rowohlt, bist heute der lebendigste deutsche Verleger, fast hätt ich gesagt: der einzig lebendige, wenn ich an die Schläfrigkeit, Bedächtigkeit, Mattherzigkeit der Editeure denke, deren Ehrgeiz es einstmals war, am Strome der Zeit zu sitzen und die reich belohnten Fischer junger Begabungen zu sein. Ich hab's nie ganz begriffen, wieso Du dazu kamst, die Talente um Dich zu sammeln. Liest Du denn außer schönen Gedichten noch etwas? Aber die Andern witterst Du, Rowohlt, Du hast die mysteriöse Wünschelrute unsichtbar in der Hand. Es zuckt Dich, wenn ein Talent in Deinen Kreis tritt, Lesen ist überflüssig. Deshalb fiel Dir von selbst fast der Prachtmensch Carl Ludwig Schleich zu, in den Du Dich vertiefen wirst, wenn die hundertsten Auflagen der ‚Besonnten Vergangenheit' und der ‚Weisheit der Freude' erscheinen. Mit einem seiner erschütternden Händedrucke hatte Dich Alfons Goldschmidt von seinem vulkanischen Talent überzeugt, ein langsamer Aufschlag seiner runden Augenlider hatte Dir Ehrensteins orientalisches Dichtertum enthüllt und die Anmut des Erzählers Franz Hessel hast Du aus der Kurve seiner glänzenden Glatze gelesen. Gewiß, lesen ist wichtig, kalkulieren ist wichtig, aber das Wichtigste für einen siegreichen Verleger ist die Wünschelrute. Weil Du sie fest in Händen hast, deshalb wird das ‚Tage-Buch' ein ‚Rowohlt-Organ' sein, auch wenn Dein Name nicht mehr auf dem grünen Umschlag, sondern nur mehr im Handelsregister verzeichnet ist, auf jenem Blatt, das die vier Männer enthält, die sich zusammen Tage-Buch-Gesellschaft heißen. In Friedenszeiten hätten wir unsere wachsenden Betriebe in einem großen gemeinsamen Hause untergebracht. Erste Etage: Verlagsdirektion. Zweite Etage: Lektorei Rowohlt. Höchste Etage: Tage-Buch-Leitung. In diesem entsetzlichen Zeitalter bedeutet Wachsen Auseinandergehen. Aber wenn wir jetzt in die Jägerstraße gezogen sind, so wollen wir hier auch für Dich auf die Jagd gehen, für Dich, den lebensfrohesten der ach so bekümmerten deutschen Verleger. Und so bleibt das ‚Tage-Buch' aus freiestem Willen, aus Passion, ein Rowohlt-Organ, weil es an blonde Riesen, an die angeborene Tapferkeit des Menschen, selbst wenn er Verleger ist, und an die Wunder der Wünschelrute glaubt." (H. 17 (28. 4. 1923), Jg. 4)

Kurz darauf, im Juni 1924, stieß Carl von Ossietzky als Redakteur dazu und wurde bereits

4 Wochen später im Impressum als „alleinverantwortlich“ ausgewiesen. „Wir werden den Schlag überleben“ – so hatte der ehemalige Mosse-Redakteur im Mai bereits die Niederlage der von ihm mitgegründeten linksliberalen „Republikanischen Partei“ vorausgesagt, die – obwohl sie in Berlin über zwei sympathisierende Zeitungen, „Die Republik“ und „Die Welt am Abend“ verfügte, es auf insgesamt nur 45 722 Wähler gebracht hatte. Doch Ossietzkys Elan, der Zeitschrift neue Impulse zu geben, wurde bald gebremst. Es scheint, als haben sich im Blatt ständige Diadochenkämpfe abgespielt – und als habe Leopold Schwarzschild stets hin- und hergeschwankt zwischen dem Abgeben redaktioneller Vollmachten und ihrer Rücknahme – bis hin zur späteren Trennung von Stefan Großmann. So zitiert Bernd Sösemann in der bisher sorgfältigsten Untersuchung zu Leben und Werk Leopold Schwarzschilds eine briefliche Äußerung von Golo Mann, der den Publizisten als „lone wolf“ charakterisierte (Sösemann, Das Ende der Weimarer Republik in der Kritik demokratischer Publizisten, Berlin 1976, Anm. 105, S. 190). Ossietzkys Biograph Kurt R. Großmann schildert dessen Abgang vom Tage-Buch vermutlich richtig: „Ossietzky fühlte sich seit dem Sommer 1925 im ‚Tage-Buch‘ nicht mehr recht wohl. Er

konnte dort über die Reichswehr und ihre Pläne weniger sagen, als er wohl aussprechen wollte. Es gab zwischen ihm und den Herausgebern des ‚Tage-Buch' gerade in diesen Fragen gegensätzliche Auffassungen. Stefan Großmann und Leopold Schwarzschild sahen mit anderen republikanischen Journalisten in General von Seeckt mehr den ‚Retter der Republik' in der Krise von 1923; Ossietzky hingegen hielt die heimlichen Rüstungen nach wie vor für sehr bedenklich. Diese Gegensätze führten dazu, daß Ossietzky, solange er im ‚Tage-Buch' blieb, seit Mitte 1925 größere Beiträge nicht mehr beigesteuert hat. Die beiden Herausgeber schrieben zudem in ihrer Wochenschrift selbst sehr gern und häufig, so daß ihm zu eigenen Stellungnahmen nur wenig Raum blieb. Ossietzky hat im ‚Tage-Buch' nur noch kleinere kulturpolitische Glossen veröffentlicht. Er war froh, als ihn Siegfried Jacobsohn im Januar 1926 aufforderte, in die Redaktion der ‚Weltbühne' einzutreten. Berthold Jacob hatte die erste Begegnung der beiden vermittelt.

Ossietzky löste sich vom ‚Tage-Buch' und nahm am 26. April 1926 seine Tätigkeit in der ‚Weltbühne' auf." (Kurt R. Großmann: Ossietzky. Ein deutscher Patriot. S. 128)

Das ist insofern nicht ohne Pointe, als zwischen beiden Blättern nicht nur eine scharfe Konkurrenzsituation bestand, sondern die jeweiligen Herausgeber eine ausgesprochene Feindseligkeit gegeneinander hegten – die im Jahre 1922 bis zu einem Prozeß geführt hatte, der mühsam von einem Schiedsgericht geschlichtet werden konnte, in dem u. a. Herbert Ihering, Fritz Engel und Paul Wiegler mitgewirkt hatten. Die Rivalität ging bis in nahezu läppische Details – so gründeten Großmann und Schwarzschild eine „Tage-Buch-Gesellschaft", damit jene Gruppierung „Freunde der Weltbühne" kopierend, die Jacobsohns und Tucholskys Blatt sich als eine Art Lese- und Anhängerzirkel in der Provinz gebildet hatte. Im Januar 1924 wurde folgende Notiz veröffentlicht: „Am 1. Januar tritt das Tage-Buch, wie ihr voriges Heft mit berechtigtem Stolz mitteilte, in seinen fünften Jahrgang ein. Unter den Freunden der Zeitschrift, die den Weg des T.-B. vier Jahre lang mitschritten, muß es Gleichgestimmte geben, die, wie wir, der Meinung sind, daß sie sich, wenn sie sich ein- oder zweimal im Monat sähen, einander einiges sagen könnten. Manches Problem, das im Tage-Buch bloß angeschlagen wurde, könnte dort fortgesponnen werden. Manche Tat, zu der im T.-B. bloß angeregt wurde – denn seine Aufgabe kann bloß die Anregung sein –, könnte durch diese ‚Gesellschaft von Freunden des T.-B.' ausgeführt werden. Gewiß werden wir uns auf kein gemeinsames ‚Programm' einigen, aber gerade aus dem Kontrast kann Gewinn kommen. Es gibt politische, soziale, künstlerische, persönliche Fragen, die dort in ungezwungener Form besprochen werden könnten". (H. 1 (05. 01. 1924), Jg. 5)

Ossietzkys Eintritt in die Weltbühne hat wiederum eine, nunmehr düstere Pointe: Gut ein halbes Jahr später, am 3. Dez. 1926, stirbt Siegfried Jacobsohn an einem epileptischen Anfall, und in der Nr. 50 vom 14. Dez. trauert ihm sein alter ego, Kurt Tucholsky – der wenig später Ossietzky zum Herausgeber berufen sollte – in einem Gedicht nach, in dem es heißt: „Die Welt sieht anders aus. Noch glaub ichs nicht. Es kann nicht sein. Und eine leise, tiefe Stimme spricht: Wir sind allein. Wir gehen, weil wir müssen, deine Bahn. Du ruhst im Schlaf. Nun hast Du uns den ersten Schmerz getan. Der aber traf."

Auch Leopold Schwarzschild senkte den Degen. Sein Nachruf, drei Tage vor Tucholskys Gedicht gedruckt, zeigt die alten Wunden vor, aber zeigt auch Trauer und Respekt: „Der Mann, der in diesen Tagen jung und jäh aus dem Leben gerissen wurde, war den grünen Heften, die diese Abschiedsworte ins Land hinaustragen, nicht grün. Es wäre Heuchelei, das zu verschweigen – zu verschweigen, daß er uns zuweilen mit unfaßbaren Angriffen bedacht, und daß zuweilen tiefe Empörung gegen ihn in unseren Reihen herrschte. An einem der letzten Tage seines Lebens stand er mit dem Schreiber dieser Zeilen vor Gericht und sah sich zu der Erklärung genötigt, daß er ‚Angriffe wider dessen persönliche und berufliche Ehre, die in der ‚Weltbühne' enthalten waren oder gefunden werden konnten, mit Bedauern zurücknehme.' Noch heftiger hatte er vom ersten Erscheinen des ‚Tage-Buch' an seinen Gründer Stefan Großmann attackiert; auch hier mußte erst ein Standesgericht entscheiden, daß die Angriffe jeder Begründung entbehrten und nur ein Produkt leerer Zwischenträgereien seien, um endlich wieder den Frieden zu schaffen, der von unserer Seite nie gestört worden war. Aber ein Kämpfer in einem gemeinsamen Kampf ist hingegangen. Und wenn wir die Reihe der Ziele überschauen, auf die er wie wir seine Zornespfeile schoß, so vergessen wir, daß eine rätselhafte Leidenschaft ihn zuweilen verführte, nicht nur im feindlichen, sondern auch im eigenen Lager zu verwunden. Vorbei! Begraben! Nichts davon in unserem Denkstein! Darauf steht, daß ein tapferer Mann lebte, ein scharfer Intellekt, ein fanatischer Arbeiter – eine der hervorragendsten publizistischen Erscheinungen, die das Deutschland unserer Tage hervorgebracht. Eine Lücke ist gerissen, die schwer ersetzbar sein wird, eine Stimme ist verstummt, die Deutschland brauchte. Um diesen Verlust trauern wir aufrichtig mit.“ (H. 50 (11. 12. 1926), Jg. 7)

Tatsächlich zeigt die Lektüre der „Grünen Hefte“, daß beide Blätter geistig einander nahe standen; vor allem begreifen und promovieren sie intellektuelle und künstlerische Auseinandersetzungen. Zu Beginn des „Tage-Buch“ fällt ein Vergleich noch eher glanzlos für das jüngere Blatt aus. Liest man etwa Stefan Großmanns Aufsatz vom 16. Dez. 1922 zum Prozeß Harden, so sieht man deutlich das Gefälle gegenüber Tucholskys fast gleichzeitig erschienenem Artikel. Großmann argumentiert nahezu bieder: „Der Prozeß gegen die beiden Leute, die Harden überfallen haben, war nicht schwer zu führen. Es lag das Schema des Techowprozesses vor. Der Vorsitzende Richter konnte die Verantwortungstechnik der Angeklagten im Vorhinein kennen. Der Hauptschuldige war nach diesem Verantwortungsschema immer der nicht anwesende Täter. Im Prozeß Techow wurde alle Schuld auf den toten Kern gehäuft, im Prozeß Grenz-Weichert auf den entflohenen Ankermann. Kern hatte dem Techow das Ehrenwort abgenommen, mitzumorden, Ankermann dem Leutnant Weichert. Beide nicht, wie Schillers Gestalt, Verbrecher aus verlorener Ehre, sondern Verbrecher aus verlorenem Ehrenwort. Beide sollen unter dämonisch-suggestivem Einfluß gestanden haben. Kern sagte: ‚Ich mache Sie kalt, wenn Sie nicht mittun'. Dieselbe Erzählung tischte der Angeklagte Weichert auf. Aber es gab Protokolle der Voruntersuchung! Der Vorsitzende Richter mußte nur die Ergebnisse der Voruntersuchung zusammenhalten, dann hatte er das glaubwürdigste Material beisammen. Aber dazu waren richterliche Talente psychologischer Art nötig. Der Vorsitzende mußte Geist genug haben, sich gegen die allzublanke Lüge der Angeklagten zur Wehr zu setzen. Hier erfand der Angeklagte Grenz plötzlich einen Brief seiner Münchener Auftraggeber über die Verhinderung der längst nicht mehr geplanten Amerikareise Hardens. Der Vorsitzende, nicht bewaffnet mit Sarkasmus oder Ironie, wiederholte bloß mit bürokratischer Pedanterie die Märchen des Angeklagten. Herr Grenz hatte aus München Geldsendung auf Geldsendung für die Harden-Erlediger empfangen. Er gab die Gelder (soweit er sie nicht für sich behielt) an Ankermann und Weichert weiter. In meinen stenographischen Aufzeichnungen finde ich dieses Bekenntnis des Grenz mit folgenden Worten aufgezeichnet: ‚Zufällig bekam ich wieder 5000 Mark'; und ein zweites Mal: ‚Zufällig hatte ich eben wieder Geld bekommen'. Der Vorsitzende, der ohne psychologisches Ohr zuhörte, vernahm diese beiden Zufälligkeiten nicht einmal. Weder durch eine illustrierende Bemerkung, noch durch eine angreifende Frage unterstrich er die Fabel dieser Zufälle. Der Angeklagte Grenz, von Ankermanns Geldforderungen bedrängt, fuhr nach München. Warum? ‚Ich wollte einmal die Alpen sehen'. Um die Berge zu erblicken, trug er sich im Münchener Gasthof mit falschem Namen (Wilhelm aus Wilhelmshaven) ein! Es fiel dem Vorsitzenden nicht ein, den Alpenschwärmer zu fragen, warum er denn für dieses Alpenglühen nicht seinen wahren Namen verwendet habe? Unbewußter Schutztrieb für den treudeutschen Mordorganisator? Durchaus nicht. Bloß vollkommener Mangel an Schlagfertigkeit. Unfähigkeit, das Tatsachenmaterial psychologisch zu werten und zu gruppieren. Ein

Richter? Ach, nur ein Justizbeamter." (H. 50 (16. 12. 1922), Jg. 3)

Eine Woche später blitzt es in der Weltbühne – Tucholskys Empörung und ohnmächtige Wut gegen die gezinkten Karten, die schiefe Waage der Justitia findet nicht nur glanzvolle Formulierungen – sondern gibt zugleich ein Tableau der Verkommenheit politischer Moral in der 4 Jahre alten Republik, deren Beamtenapparat streng wilhelminisch blieb: „Das muß man gesehen haben. Da muß man hineingetreten sein. Diese Schmach muß man drei Tage an sich haben vorüberziehen lassen: dieses Land, diese Mörder, diese Justiz. Der deutsche politische Mord der letzten vier Jahre ist schematisch und straff organisiert. Die Broschüre: ‚Wie werde ich in acht Tagen ein perfekter nationaler Mörder?' sollte nicht auf sich warten lassen. Alles steht von vornherein fest: Anstiftung durch unbekannte Geldgeber, die Tat (stets von hinten), schludrige Untersuchung, faule Ausreden, ein paar Phrasen, jämmerliches Kneifertum, milde Strafen, Strafaufschub, Vergünstigungen – ‚Weitermachen!' . . . Eine Welt stinkt auf. Hinter der Schranke stehen zwei Mann (der Ausdruck ‚Menschen' wäre übertrieben): Ein sexuell verbogener Wandervogel mit Schillerkragen, hehren Überzeugungen und ungewaschenen Füßen – und ein Hütejunge für eine Kuhherde mittlern Grades. Der Hütejunge sagte, er hätte die ‚Zukunft' gelesen und wäre mit ihren Ausführungen nicht immer zufrieden gewesen; der Wandervogel will sein kaschubisch-slawisch-friesisch-wendisch-germanisches Blut rein erhalten und möchte nicht in die Grenadierstraße einheiraten. Infolgedessen mußte Harden ermordet werden. Grenz chartert zwei Mann: den Oberleutnant Ankermann und den kleinen Weichardt. Warum gerade diesen? Weichardt habe in einer Versammlung der ernsten Bibelforscher gegen ‚kommunistische Sturmtrupps großen Mut und völkisches Gebaren' gezeigt; der andre kam wohl mehr aus finanziellen Rücksichten. Das Spiel beginnt. Die beiden Mörder fahren nach Berlin. Sie wohnen zunächst in einem Absteigequartier und verjuchheien den Vorschuß auf die Seligkeit ihres Opfers. ‚Außer mit weiblichen Personen', so wird eingestanden, verkehren sie in Berlin mit niemand. Die Kosten für den stattgehabten Verkehr bestreitet Grenz. Woher der das Geld hat, ist nicht klar. Ist schließlich auch gleichgültig. Ob es wirklich aus dem Münchner Verbrecherkeller kommt, oder ob er die Scheine aus völkischen Kassen zusammengekratzt hat, um sich bei seinen Mannen einen Namen zu machen, so leuchtend wie der von Luther, Ludendorff, Bismarck oder Techow – das steht nicht fest. Ein von ihm rekonstruierter Brief, den er aus München erhalten haben will, zeigt allerdings die fatal echte Stelle: ‚Einige deutsch-blütige Herren haben sich zu dieser Aufgabe zusammengefunden und sind bereit, Opfer zu bringen; sie selbst sind leider zu alt, um selber daran teilnehmen zu können . . .' Auch Grenz war unabkömmlich: er wurde in Oldenburg zu wichtigern Aufgaben benötigt – sonst hätte er sich wohl das Geld selbst verdient, von dem er jetzt nur die Prozente nimmt. Genug: er schickt. Nicht ohne dauernd zu mahnen, nun aber endlich einmal an die Bouletten zu gehen. Die Terminologie seiner und ihrer Briefe ist eine anmutige Mischung von mittelalterlicher Feme und modernem Konfektionsgeschäft. ‚Und wollen Sie den Ihnen aufgetragenen Mord freundlichst bis zum achtzehnten dieses promptest effektuieren.' . . . Das ist keine schlechte Justiz. Das ist keine mangelhafte Justiz. Das ist überhaupt keine Justiz. . . . Reißt dieser Justiz die falsche Binde herunter! Wir haben keine Justiz mehr. Il y avait des juges à Berlin." (Kurt Tucholsky: Gesammelte Werke 1907–1924, S. 1070–1078)

Doch die Intensität der geistigen Debatte nimmt zu. Leopold Schwarzschild, der ab Heft Nr. 24, 1926 wieder als Alleinverantwortlicher für die Redaktion zeichnet, gelingt es, eine Schar bedeutender Autoren an das Blatt zu binden. Früh ist Thomas Mann dabei, nicht nur als Beantworter von Umfragen – mit allerdings eher bigotten Empfehlungen: „Ich nenne Ihnen gern einige Bücher, die mir in letzter Zeit Eindruck gemacht haben. Hier sind sie: Marcel Schwob: ‚Roman der Lebensbörse' und ‚Gabe an die Unterwelt'. (Bei Jakob Hegner). Friedrich Schnack: ‚Sebastian im Wald'. (Ebendort.) J. J. Bachoffen: ‚Der Mythos von Orient und Occident', mit Einleitung von A. Bäumler. (Bei O. Beck). Edgar Dacqué: ‚Urwelt, Sage und Menschheit' und ‚Natur und Seele'. (Bei Oldenburg.) Joseph Conrad: ‚Die Schattenlinie', ‚Der Geheimagent', ‚Spiel des Zufalls'. (Bei Fischer.) Otto Gmelin: ‚Temudschin der Herr der Erde'. (Eugen Diederichs) Mit Auszeichnung genannt. Bruno Frank: ‚Trenk, Roman eines Günstlings.' (Bei Rowohlt.) Ferner der meisterhaft erzählte ‚Bruder Ernst' von Wassermann und meines Bruders ‚Liane und Paul'." (H. 49, 4. 12. 1926, Jg. 7)

Diese frappante Liste unwichtiger Bücher wird

allerdings ergänzt durch die Antworten von Köpfen wie Fritz Kortner oder Leopold Jessner oder Kurt Wolff und schließlich, auch hier bereits Antipode: Bertolt Brecht; dessen Bücherempfehlungen zu Weihnachten 1926, bei der Redaktion zweifellos parallel eingegangen, lesen sich wie eine bewußt provokatorische Alternative zu denen Thomas Manns: „Ich weiß nicht, was Sie lesen wollen, aber ich selber mag keine Bücher lesen, in denen nicht entweder Methode oder Information steckt. Man betrachtet ja Bücher, wie ich aus gelegentlichen Besprechungen sehe, im allgemeinen nicht nach dem Materialwert, aber ich tue es. Im nachfolgenden führe ich ein paar Bücher an, von denen ich etwas gehabt habe; die Aufzählung soll aber keine geheime Liste jener Bücher sein, von denen ich nichts halte: ich lese nicht allzuviel. Ich habe mit Gewinn Gilbeaux' ‚Lenin' gelesen, das leicht verständlich, spannend und sachlich ist und eine gute Vorstellung von diesem Phänomen vermittelt. Sie können auch ‚Geist und Gesicht des Bolschewismus' kaufen, wenn Sie sich vornehmen, den Text mit einer Schere herauszuschneiden: das Bildermaterial ist ausgezeichnet und bewahrt Sie davor, über den Bolschewismus den üblichen Unsinn zu reden. Eine Art Ergänzung dazu bildet Mendelsohns ‚Amerika'. Das Bilderbuch eines Architekten, ausgezeichnete Photos, die man eigentlich fast alle einzeln an die Wand heften kann und die den (bestimmt trügerischen) Anschein erwecken, als seien die großen Städte bewohnbar. Ich glaube, daß das Buch, welches der Schwimmer Arne Borg über seine Rekorde schrieb, den Titel ,Wie ich um die Welt schwamm' hat. Es ist viel besser als die meisten Romane der letzten Zeit, da es von einem klügeren Mann geschrieben wurde als diese Romane und einen besseren Stil hat. Für die Liebhaber kriminalistischer Lektüre ist Myers ,Geschichte der großen amerikanischen Vermögen' ein Fressen. Bekanntlich sind Angelegenheiten, die mit Geld zusammenhängen, in der guten Gesellschaft und ihrer Literatur verpönt. Ich nehme an deswegen, weil soviel Geist drin steckt (in den Geldangelegenheiten). Für den gleichen Preis, den man für eine Grammophonplatte mit ,O du fröhliche, o du selige' anlegt, kann man seinen Kindern auch jenes ungeheure Bilderbuch kaufen, das ,Krieg dem Kriege' heißt, aus photographischen Dokumenten besteht und ein gelungenes Porträt der Menschheit zeigt." (H. 49, 4. 12. 1926, Jg. 7)

Aber Thomas Mann war auch mit eigenen Beiträgen vertreten, auch Alfred Döblin mit einer furiosen „Antwort an einen jungen Menschen", die das „Tage-Buch" in mehreren Folgen abdruckt – und die im übrigen eingeht auf die einigermaßen chaotische Bitte um Lebensratschläge, die Gustav René Hocke gestellt hatte. Schwarzschild druckt nicht nur erstaunliche Autoren als Rezensenten bedeutender Neuerscheinungen, so etwa Walter Benjamin über Robert Walser oder Marcuse über Döblins „Alexanderplatz"; er entwickelt auch und pflegt geradezu als redaktionelles Prinzip den großen Diskurs. Hier erscheint beispielsweise Herbert Iherings Essay „Polemik", in dem er die scharfen Vorbehalte gegen Kurt Tucholskys gemeinsam mit John Heartfield publiziertes Buch „Deutschland, Deutschland über alles" formuliert, und in dem die inzwischen berühmt gewordenen Sätze fallen: „Es scheint mir eine Polemik ohne Risiko zu sein, wenn Kurt Tucholsky immer wieder auf dieselben Themen losschlägt, wenn er immer wieder gegen dasselbe Militär, gegen dieselbe Justiz mit einer zwar oft sehr treffenden, sehr amüsanten, sehr wirkungsvollen Typenschilderung losgeht. Es wäre aber wichtig, in dem Buch ‚Deutschland, Deutschland über alles' zu sagen, daß in anderen Ländern dieselben Züge zu erkennen sind, und wirklich einmal die soziale und geistige Struktur Deutschlands und der anderen europäischen Länder aufzuzeigen. Statt dessen immer wieder dieselbe, gewiß blendende, gewiß eindringliche und doch im letzten Grunde billige und beinahe unverbindliche Typencharakteristik. Wo bleibt bei einem Polemiker von dieser leichten schriftstellerischen Begabung die Auseinandersetzung mit dem Phänomen der Presse? Wo bleibt die Auseinandersetzung mit den geistigen Kämpfen? Eine wehmütige Betrachtung über den Filmschauspieler Conrad Veidt und über den Clown Grock – eine etwas dürftige Sentimentalität. Polemik ohne Risiko – gerade ein so begabter Mensch wie Tucholsky, gerade ein Satiriker von diesem Range müßte in Deutschland selbst sein, an den Kämpfen teilnehmen, in der Sache drinstehen und es sich nicht als Zuschauer in Paris oder Schweden gut sein lassen und die Dinge aus einer fernen Loge betrachten." (H. 41 (12. 10. 1929), Jg. 10)

Berühmt nicht zuletzt deswegen, weil Tucholsky darauf (was er selten tat) antwortete mit Worten großer Bitterkeit, nicht über den Kritiker, aber über die Verhältnisse, die er beschrieb: „Lieber Herr Ihering, ... Sie gebrauchen die Worte: ‚Nun schreibt er immer wieder dieselben Aufsätze ...' Lieber Herr Ihering, waren Sie in den letzten Monaten einmal auf einem deutschen

Gericht oder in einer deutschen Strafanstalt? Das sollten Sie nicht versäumen. Ich habe mir im letzten Jahr vieles in Deutschland angesehen, worüber ich nirgends referiert habe; und was mich erschreckt hat, das ist die Fortdauer einer wilhelminischen Gesinnung, die zwar die Zierrate des Gardehelms abgelegt hat, aber in karger neuer Sachlichkeit brutal und kalt Schweinereien verüben läßt, schlimmer als unter dem Seligen, wo durch eine gewisse Bordeaux- oder Biergemütlichkeit manches gemildert wurde. ... Lehnt einer diese deutsche Welt, so wie sie da ist, in Bausch und Bogen ab und tut er das noch in einer ästhetisch unbefriedigenden Form, dann steht er jenseits der ‚seriösen' Leute. Mir macht das nichts, und so sehr ich Ihnen recht gebe, wenn Sie schreiben, daß dem Buch der Hinweis darauf fehlt, daß es ja anderswo genauso ist, so sehr vermisse ich in Ihren Aufsätzen Gefühl für Blut und Tränen. Hören Sie das nicht? Hören Sie nicht den unterirdischen Schrei, der oft keinen künstlerischen Ausdruck findet und den man mit allen raffinierten Mitteln unterdrückt, wo man nur kann? Im Rundfunk dürfen wir nicht, in der Presse sollen wir nicht, im Kino können wir nicht – bleibt das Buch. Immer, wenn ich schreibe, denke ich an das Leid der Anonymen, an den Proletarier, den Angestellten, den Arbeiter, an das Leid, von dem ich durch Stichproben weiß. Das wissen Sie auch – Sie müssen das wissen, und ich will lieber den Vorwurf auf mir sitzen lassen, künstlerisch nicht befriedigt oder aus Empörung über das Ziel hinausgeschossen zu haben, als ein Indolenter zu sein. Und glauben Sie mir: wenn ich immer dasselbe schreibe, tue ich das bewußt. Es ist vielleicht langweilig, Jahr um Jahr Salvarsankuren zu machen; Kamillentee wäre vielleicht abwechslungsreicher, aber man muß das wohl. Auch die Spirochäten bleiben ewig dieselben." (Kurt Tucholsky, Ausgewählte Briefe, hrsg. v. Mary Tucholsky und Fritz J. Raddatz, Reinbek b. Hamburg 1962, S. 131 (Brief datiert vom 18. 10. 1929)).

Herbert Ihering zeigt sich die Jahre hindurch im „Tage-Buch" immer wieder als polemischer Florettfechter – allerdings nie des Aperçus wegen, sondern aus tiefem Künstler- und politisch-ethischem Engagement; da allerdings unverblümt und ohne Rücksicht auf Ruhm und Geltung eines Autors. Seine Einwände gegen Franz Werfels Buch „Barbara oder die Frömmigkeit" sind von respektloser Schärfe: „Franz Werfel ist längst einer dieser falschen Priester des Worts geworden. Er war ein Dichter. Er war ein

Sprachberauschter. Er war ein Sprachgeschöpf. Aber dieser Sprachrausch wirkte auf ihn wie süßes Gift, wie Opium. Er versetzte ihn in einen Zustand, in dem ihm die Worte entliefen. Klang ohne Sinn. Ton ohne Bedeutung. Ein Wahrsager ohne Inhalt. Ein Prophet ohne Ziel." (H. 50 (14. 12. 1929), Jg. 10)

Nun war Ihering Entdecker und Förderer Brechts, den er in stetem publizistischen Kampf gegen den Widersacher Alfred Kerr und dessen Reinhardttreue Theaterkonzeption durchzusetzen verstand. Es zeigt die undogmatische Streitbarkeit der Zeitschrift, daß sie sich dennoch nicht als Trutz, Schutz und Schild für den jungen Dramatiker verstand, dessen hagerer Kopf neben den Porträts von Remarque, Hasenclever, Zuckmayer und Feuchtwanger auf einer Anzeige prangte, mit der der Propyläenverlag seine „jungen Autoren" im „Tage-Buch" präsentierte; „er schuf den modernen Song und trat auch als Regisseur der jungen Generation hervor" hieß es da, auch damals schon so falsch wie marktschreierisch. Die Redaktion dagegen druckte eine amüsante Persiflage Ludwig Marcuses auf Brechts „Mann ist Mann"-Moral unter dem Titel „Brecht ist Brecht", in der seine künstlerische wie finanzielle Auseinandersetzung mit der

Filmindustrie anläßlich des Krachs um die Drei-Groschen-Oper-Verfilmung ironisiert wurde. Wie so oft hatte aber der sonst selber gern kühl-listig-ironische Autor für derlei Respektlosigkeit keinerlei Sinn und schickte der Zeitschrift seinen Anwalt ins Haus. Der wiederum lehrte die keineswegs das Fürchten, vielmehr ließ sie Marcuse antworten unter der Überschrift „Brecht ist doch nicht Brecht“: „Der Anwalt Brechts sendet dem „Tage-Buch“ folgende Erklärung: ‚Es ist unwahr, daß Herr Brecht anläßlich des in dem Prozeß um die Verfilmung der Drei-Groschen-Oper abgeschlossenen Vergleichs sich eine Abfindungssumme hat gewähren lassen. Richtig ist vielmehr, daß er lediglich das auf Grund des ursprünglichen Vertrages vereinbarte restliche Honorar für die von ihm geleistete Arbeit erhalten hat und von den Prozeßkosten freigestellt worden ist. Darüber hinausgehende Leistungen hat er weder empfangen, noch sich versprechen lassen. Herr Brecht hat auch im Vergleichswege das Recht zurückerhalten, die Drei-Groschen-Oper nach einem gewissen Zeitraum, und zwar in Deutschland schon nach zwei Jahren, nach seinen eigenen Ideen verfilmen zu lassen.‘ Im vorigen Heft des ‚Tage-Buch‘ schrieb ich eine parodistische Szene, in der ich Brechts Moral von ‚Mann ist Mann‘ auf seinen Kampf mit der Filmindustrie anwandte: beharre nicht auf deinem Standpunkt. Ich glaubte, bei Brecht einen Blumentopf zu gewinnen, weil ich so brav, so echt brechtisch diesen seinen Kampf interpretierte. Jetzt muß ich reuig an meine Brust schlagen und widerrufen: Brecht ist doch nicht Brecht. Die Moral, die er unverbindlich auf der Bühne verkündet, wagt er doch nicht verbindlich als sein Lebensprinzip zu bekennen. Er verschanzt sich lieber hinter Vergleichs-Wortlauten, die vielleicht schon im Hinblick auf ihre Brauchbarkeit der öffentlichen Meinung formuliert worden sind. Da er bekanntgibt, daß er mich verklagen wird, zwingt er mich, ihn aus seiner Verschanzung herauszuholen: Also: Für die Urheberrechte der ‚Dreigroschenoper' wurden 10 000 Dollar gezahlt. Außerdem erhielt Brecht auf seinen Wunsch, einen Mitarbeiter-Vertrag für 14 000 Mark. Wie diese ‚Mitarbeit' verlief, ist eine Geschichte für sich: sie ist zu schön, als daß ich sie hier mit wenigen Sätzen verbrauchen möchte; sie muß einmal ausführlich erzählt werden. Im Moment interessiert nur das dicke Ende. Die Filmgesellschaft trat von dem Mitarbeits-Vertrag zurück; das Gericht gab ihr Recht. Nach dem Urteil hätte die Filmgesellschaft nun folgende finanziellen Ansprüche an Brecht geltend machen können: sie konnte Schadenersatz fordern; sie konnte von Brecht die gesamten Prozeßkosten fordern, auch ihre eigenen. Selbstverständlich hätte Brecht seinerseits keinerlei Gegenansprüche mehr gehabt; auch nicht die Forderung auf das sogenannte ‚Rest-Honorar' von 9 000 Mark. So lag die Situation, als die Nero, die es nicht nötig hatte, aber endlich Ruhe vor dem großen ‚Idealisten' haben wollte, sich noch nach dem Urteil zu einem Vergleich mit Brecht entschloß. In diesem Vergleich machte sie, um den ‚Idealismus' zu beschwichtigen, Geschenke. Erstes Geschenk an Brecht: die Rückzahlung der 5 000 Mark und die Schadenersatzforderung wurden nicht eingeklagt. Zweites Geschenk: die 9 000 Mark, die Brecht zweifellos aberkannt worden wären, die also kein ‚Resthonorar' mehr waren, wurden ihm freiwillig gezahlt. Drittes Geschenk: Die Prozeßkosten der Nero wurden Brecht erlassen, für seine eigenen Prozeßkosten wurden ihm, wahrscheinlich sehr reichlich, 7 000 Reichsmark gezahlt. Rechnet man diese Geschenke zusammen, so erhielt Brecht 21 000 M., obendrein verzichtete die Nero noch auf Schadenersatz und auf die ihr zugebilligten Prozeßkosten. Wenn das keine Abfindung sein soll, weiß ich nicht, was eine Abfindung ist." (H. 8 (21. 02. 1931), Jg. 12)

All das ist heute Geschichte, Zeitgeschichte – und war damals doch der Kampf, zumindest das Spektrum der Zeit. Ob Ernst Rowohlt – der selten Artikel schrieb – einen Aufsatz über „Die Gesinnung des Verlegers“ beisteuerte, Paul Kornfeld die zeitgenössische Rezensiererei in einem Artikel „Die Buchkritik“ attackierte, Willy Haas die ewige Streitfrage „Der Intellektuelle und das kämpfende Proletariat“ erörterte oder die Redaktion das stenographische Protokoll des Gotteslästerungsprozesses gegen George Grosz druckte – es war bester, kämpferischer, un-ängstlicher Journalismus, der die Bedrohung der künstlerischen Freiheit durchaus begriff als Angriff auf die republikanische Freiheit schlechthin. Der juristische Dialog, zu dem man einen Künstler wie George Grosz zwang, klingt in unseren Ohren heute keineswegs lediglich kabarettistisch; wenn man sich erinnert, daß Paul Wunderlichs Suite „Qui s'explique“ im Nachkriegs-Hamburg von der Staatsanwaltschaft beschlagnahmt und der Künstler „vorbestraft“ wurde, wenn man die so kunstfernen wie läppischen Angriffe gegen Klaus Staeck sich nicht einmal in Erinnerung rufen muß, weil sie zum aktuellen Tagesgeschehen unserer Zeit gehören, dann erkennt man auch, wie sehr das Wiederlesen alter Zeitschriftenjahrgänge nicht nur Vergnügen an alten Hutmoden, Automodellen und Streitigkeiten bietet, sondern mit unserer Gegenwart noch immer zu tun hat. Das Verhör des George Grosz könnte heute, 1981, etwa in München stattfinden: „Vors.: Also Sie sind nicht in einer bestimmten Richtung politisch eingestellt. Aber in Ihren Zeichnungen tut sich kund, daß Sie den allgemeinen politischen Hintergrund auch zum Ausdruck bringen wollen? Grosz: Doch, sicher, das muß ich mit Ja beantworten. Das geht natürlich Hand in Hand. Auch wenn man sich menschlich oder politisch entscheidet, neigt man natürlich zu bestimmten Dingen. Das ist ganz klar. Vors.: Wir wollen hier natürlich nicht politische Fragen aufrollen. Ich wollte bloß ergründen, wodurch Sie dazu veranlaßt sind. Grosz: Diese Dinge so darzustellen? Vors.: Ja, was Sie im Tieferen dazu geführt hat. Sie müssen sich ja doch viel eingehender darüber klar geworden sein, was die Zeichnungen darstellen sollen, als derjenige, der sie nachher betrachtet. Grosz: Vielleicht ist das Wesen des künstlerischen Schaffens nicht bis zutiefst zu erklären. Kunst läßt sich überhaupt nicht genau erklären. Aber ich habe oft das Gefühl – es mag ein sentimentales Gefühl sein –: es geschieht viel Unrecht, und durch ein ganz bestimmtes inneres Muß bin ich eben an die Seite derjenigen getrieben, die dieses Unrecht bekämpfen. Ich finde, es geschehen zuviel Brutalitäten, es ist zuwenig Liebe da. Wo man hinsieht, sieht man Phrasen, Unrecht, Brutalität. Gewiß ist eine Minderheit da, die das auch empfindet. Diese Empfindungen leben doch eigentlich, sie beleben einen Menschen, der satirisch veranlagt ist, und aus ihnen heraus muß er handeln. Vors.: Nun komme ich zu dem letzten der beschlagnahmten Bilder, zu dem Bild Nr. 10. Das stellt also dar – Grosz: Das ist Christus am Kreuz mit der Gasmaske, und dann hat er Militärschuhe an. Vors.: Die linke Hand ist nicht, wie sonst, mit einem Nagel ans Kreuz geschlagen, sondern mit einem Strick festgebunden; die rechte auch, aber da ist auch ein Nagel. Dann ist da die Überschrift INRI mit dem Heiligenschein, eine Gasmaske in Verbindung mit einer Brille, wie sie auch im Gaskampf zeitweise getragen wurde, nicht wahr? (Grosz: Ja) Das Kreuz steht etwas schräg, wie wenn es hinstürzt, und darunter stehen die Worte: ‚Maul halten und weiter dienen!' Was sollte das zum Ausdruck bringen? Hier kann es doch keinem Menschen entgehen, daß gläubige Christen durch eine solche Darstellung schwer verletzt werden. Grosz: Dieses Blatt ist als eine kleine Randnotiz zu dem Buch von Schwejk entstanden. Da ist in einem Kapitel etwa folgendes geschildert – ich erzähle das ganz grob, weil ich mich im einzelnen auch nicht mehr so genau darauf entsinnen kann –. Da liegen zwei Soldaten auf einer Pritsche in der Zelle, glaube ich, und erzählen sich beide Kriegserlebnisse. Sie schimpfen auf den Krieg. Da sagt dann der eine ungefähr: Ja, Maul halten und weiter dienen. Als ich diese Schilderung las, entstand das Blatt so ungefähr in meiner Vorstellung. Ich stellte mir vor, daß Christus jetzt kommen würde. Ich darf hier bemerken, daß ich gar nicht so eine besondere Sympathie für Christus habe. Ich sehe ihn hauptsächlich als einen Menschen, der die Liebe predigte. Ich dachte also: wenn Christus plötzlich so ankommen würde! Natürlich wird das nicht vorkommen, er wird nicht zurückkehren, und wenn, dann würde er nicht in den Schützengraben kommen. Aber ich bin eben ein altertümlicher Mensch und habe mir so vorgestellt, daß Christus zwischen den Schützengräben herumgeht und verkündet: Liebet Euch untereinander. Ich dachte mir, in demselben Moment würde man ihn packen, ihm eine Gasmaske geben und Militärstiefel anziehen, also kurz, man würde ihn überhaupt nicht verstehen. Also hier kommt Christus sogar sehr gut weg. Er wird von einer anderen Macht vergewaltigt. Vors.: Soll ‚Maul halten und weiter dienen‘ ein Wort sein, das an ihn gerichtet wird, oder eins, das er spricht? Grosz: Das wird an ihn gerichtet. Die tiefere Vision dieses Blattes ist nämlich die: die einfache gekreuzigte Kreatur, die doch im Grunde genommen lebenserhaltend ist – Ich bin persönlich kein Pazifist, aber man hat als Mensch immer ein tiefes Mitleid mit dem kaputtgehenden Menschen, der unschuldig wieder hekatombenweise geopfert wird. Sicher ist das im historischen Geschehen der Dinge notwendig, aber trotzdem wird es immer einige Menschen geben, die dieses tiefe Mitleid mit der gemarterten Kreatur haben. Ich finde das sogar sehr schön. Das ist hier dargestellt. Vielleicht ist es nicht klar genug dargestellt, nicht süß genug, denn dieser Christus ist natürlich ein verhungerter Mensch. Sein Gesicht sieht man nicht. Unten an diese zarten Füße hat man ihm Militärstiefel angenagelt. Man könnte sich vielleicht darüber wundern, daß er noch ein Kreuz hält. Das ist ein Kreuz der Liebe vielleicht oder der Nächstenliebe, der Verbrüderung. Vors.: Dann ist Ihre Vernehmung wohl beendet.“ (H. 51 (22. 12. 1928), Jg. 9)

Nicht immer, natürlich, hat das diese Dimension; oft, und das gehört auch zum Geist jener Zeit – findet sich Literatur-Krakeel und jener Klatsch, den man zu Recht mit dem Genre-

Begriff „Romanisches Café“ belegt hat. Das hat den Klein-Gewerbe-Wert der Anekdote – auch in ihr, bekanntlich, birgt sich ein Gran Wahrheit. Franz Blei's elegantes Refus gegen eine der so häufigen, verschmockten Selbstüberschätzungen von Karl Kraus liest sich nicht nur lustig, sondern wirft schon ein Licht auf eine wiederkehrende Unart des sonst so scharf wägenden Kritikers; so verwahrte sich Blei gegen einen der Überfälle so kühl wie hochmütig: „Vor gut über zwanzig Jahren hat Sie mir Peter Altenberg in einem Nachtlokal zu Wien vorgestellt, was Sie benützten, sich als nicht gebetener Gast ein paar Mal an den Tisch zu setzen, an dem ich saß – besonders wenn Frauen dabei waren. Sie standen damals in Ihrer erotischen Periode, was sich, wenigstens soweit ich davon betroffen wurde, in Versuchen zu etwas forcierten Unterhaltungen mit Frauen äußerte. Ohne weiteren Effekt als diesen, daß man nicht darauf einging und mich, hatten Sie den Tisch endlich verlassen, fragte, wer der komische Mensch sei. Einige Jahre später erzählte mir sehr belustigt zuweilen, aber manchmal auch geärgert, Wedekind das gleiche Erlebnis mit Ihnen. Nun, das waren Unarten Ihrer Jugend und nicht halb so schlimm wie meine ‚Pornographie‘. Vor fünfzehn Jahren erbaten Sie telegrafisch von mir Briefe von Rops für Ihre Zeitung. Und dann traf ich Sie wieder 1908 in Berlin, nachts in einer Schnapsbude und für zehn Minuten. Was ich zu Ihrem Plane meinte, die ‚Fackel' in Berlin herauszugeben, fragten Sie mich, und als ich Ihnen antwortete, daß mir solches die Generalprobe auf Ihr Talent bedeutete, da schien Ihnen diese Meinung über Ihr Talent nicht schmeichelhaft genug, und Sie begannen vom ‚Hyperion', den ich damals herausgab, mit wenig Freude daran zu sprechen, besonders eine Erzählung von M. Beradt erregte Ihr Mißfallen. Daß ich je ‚mit dem Herzenswunsch an Sie herantrat, mit Ihnen eine Zeitschrift herauszugeben', dies wertester Herr Kraus, bilden Sie sich ein oder wollen es aus naheliegenden Gründen Ihren Lesern einbilden, wie Sie ihnen ja auch weismachen, ich ‚hätte manches von Ihnen aufgeschnappt', wozu Sie als Beispiel Ihre Meinung über den Prof. Freud anführen. Unsere geselligen Beziehungen, wenn das sich zufällig Treffen in Lokalen den Namen verdient, liegen Jahrzehnte zurück und waren so gering, daß ich, wie man's in solchen Fällen flüchtiger Bekanntschaft zu tun pflegt, Sie zu grüßen aufgab, wenn wir, es war in den letzten fünfzehn Jahren zwei-, dreimal, einander auf der Straße begegneten. Und dem entsprachen meine innern Beziehungen zu Ihrer Person und Ihren literarischen Unternehmungen. Man muß sehr wienerisch in Wien seßhaft sein, um den Witz Ihrer Fackel zu verstehen und zu goutieren, und ich habe nur sehr wenig Zeit meines Lebens in Wien verbracht, bin gar nicht eingeweiht in die von Ihnen so lustig gelupften Dessous dieser Stadt, an deren saubere Wäsche ich mich während meiner kurzen Aufenthalte lieber hielt, als daß ich mir von Ihnen ihre schmutzigen zeigen lassen wollte. So kam es, daß ich in meinem ganzen Leben kaum mehr als sechs oder sieben Hefte Ihrer Zeitung gelesen habe, genügend, um ein Urteil darüber zu haben." (H. 27 (7. 7. 1923), Jg. 4)

Man kann das abbuchen unter Tucholskys trefflichem Dictum „Es ist nichts so schlimm, als wenn Literaten Literaten Literaten nennen". Man kann aber auch über die Widersprüche jener Jahre viel erfahren, die man sich angewöhnt hat, die goldenen Zwanziger zu nennen. Eine Korrespondenz etwa zwischen Ludwig Renn, Chefredakteur der von Johannes R. Becher begründeten kommunistischen Literaturzeitschrift „Linkskurve" und dem stets störrischen Walter Mehring ist dafür ein Beispiel. Die „Linkskurve" hatte sich ja in ihrer ersten Phase einigermaßen denunziatorisch gegen bürgerliche Linksintellektuelle wie Tucholsky gewandt und in ziemlich unsachlichen Polemiken deren Arbeitsweise verhöhnt. Erst später, in einer Art intellektueller Volksfrontstrategie, änderte sich dieser Kurs und suchten die kommunistischen Intellektuellen Bündnisgenossen im linksbürgerlichen Lager; die anfängliche Entfernung wird zum Beispiel an dem Umstand deutlich, daß Carl von Ossietzky hinter dem Autorennamen Ludwig Renn ein Pseudonym vermutete, als 1928 dessen Roman „Krieg“ erschien. Nun war Ludwig Renn zwar der Autorenname für den „aus dem Adel ausgetretenen“ ehemaligen Fahnenjunker Arnold Vieth von Golßenau – aber als Ludwig Renn war er bereits Sekretär des Bundes proletarisch-revolutionärer Schriftsteller in Berlin und Chefredakteur von dessen Zeitschrift „Linkskurve“, in Wahrheit also kein Unbekannter. In dieser Eigenschaft hatte er eine Rundfrage an verschiedene Schriftsteller geschickt, die zu Problemen der Zusammenarbeit mit kommunistischen Organisationen und der Parteilichkeit Stellung nehmen sollten: „Sehr geehrter Herr, wir übersenden Ihnen eine Reihe von Fragen, an deren Klärung allen Menschen gelegen sein muß, die einen Ausweg suchen aus dem schweren wirtschaftlichen Niedergang und der geistigen Unfreiheit der breiten Masse des deutschen Volkes. Für eine recht baldige Äußerung zu diesen Fragen, eventuell auch nur zu einigen von ihnen, wären wir dankbar. Mit vorzüglicher Hochachtung – DIE LINKSKURVE – gez. Ludwig Renn.“ (H. 36 (6. 9. 1930), Jg. 11)

Darauf nun gab Walter Mehring als einer der regelmäßigen Mitarbeiter des „Tage-Buch“ seine „Antwort auf ein kommunistisches Verhör“: „Meine Herren, was mich hindert, auf Ihr Rundschreiben direkt zu antworten, ist ein Prinzip, keinen Beitrag, in welcher Form es auch sei, einer Zeitschrift zu geben, die sich der Verleumdung linksgerichteter Schriftsteller (Döblin, Toller, Tucholsky) schuldig gemacht hat. Was mich bewegt, überhaupt zu antworten, ist die Möglichkeit, Symptomatisches festzulegen. Genau so wie das erstaunliche Sammelsurium Ihres Verhörs, das sich teils inquisitorischer Parteischärfe, teils politischer Gartenlaube bedient, nichts anderes bezweckt, als mißliebige Literaten für die Kartothek festzulegen. Anders ließe sich eine Fragestellung nicht erklären, die – mit veränderten Vorzeichen – Herr Strasser hätte ersinnen können. Ach, bitte, reden wir doch offen! Es ist augenblicklich ebenso nützlich wie fein, zu einer Partei zu gehören. Nützlich, weil –

dies hat mir neulich ein Genosse erklärt – man sonst riskiert, daß einem der Schädel eingeschlagen würde. Fein, weil man literarische Schwachheiten mit einem ‚Ewig-in-Aufruhr'-Geschrei übertönen kann, das der Bürgersmann, der immer das Gruseln so gerne lernen möchte, sehr schätzt und das die bürgerliche Presse unter dem Strich begrüßt. Sie sehen, ich gebe Ihnen bei unserem Nachmittagstarockchen alle Atouts in die Hand, mich einen Konterrevolutionär zu nennen. Spielen wir weiter! Ich bin – auch ohne Daumenschrauben gestehe ich es – ein Literat und Intellektueller: die verächtlichste, die nutzloseste Menschengattung, die in Deutschland herumvegetiert; mit weniger Lebensberechtigung begabt als irgendein Schlagerdichter, ein Leichtathlet, eine Schönheitskönigin. Habe ich mir einen falschen Beruf ausgesucht, so stehe ich nicht vereinzelt da. Aber ich bekenne mich zu dem meinen, zu den Aufgaben, die er mir stellt. Ich betrachte es als meine erste Aufgabe, jeden künstlerischen wie politischen Kompromiß auszuschalten. Als Intellektueller und Literat halte ich es für meine Pflicht, der Entwicklung meiner Zeit zu folgen, moralische Krankheitsherde der herrschenden Klasse zu denunzieren, für die Befreiung der unterdrückten Klassen, also des Proletariats einzutreten. Als Literat und Intellektueller halte ich es für meine Pflicht, nur das hinzuschreiben, was ich als wahr erkannt habe, selbst auf die Gefahr hin, soviel Dogmen, Sentiments, Glaubenssysteme zu verletzen, daß ich mich eines Tages völlig isoliert, verachtet von allen, finden könnte. Es existiert nicht nur eine politische, sondern auch eine literarische Gesinnungstreue; und diese zweite, weil geschäftlich abträglichere, wird heute stark unterschätzt, der Bruch mit ihr durch ebenso wildes wie ungefährliches Revoluzzergebaren kaschiert. Ich erlaube mir, denen politisch zu mißtrauen, die sich literarisch nicht sauber halten. Die Vergangenheit hat uns zum Mißtrauen berechtigt. Es gibt aber eine Sorte, die sich revolutionär anbiedert, nur um Rückendeckung bei den Massen zu suchen. Aus diesem sicheren Versteck, das sie schäbig mißbrauchen, höhnen sie den Unbequemen: ‚Bourgeois'. Daß ich nun aber Ihren Fragebogen in dem bürgerlichen ‚Tage-Buch' beantworte, werden weder Sie, Herr Ludwig Renn, der Sie Ihr Kriegsbuch in der hochbürgerlichen ‚Frankfurter Zeitung' erscheinen ließen, noch Ihr Mitarbeiter, der Scherl-Autor Gabor, verübeln dürfen. Frage: Auf welchem Wege wird nach Ihrer Ansicht die Krise beseitigt, die das Wirtschaftsleben fast aller Länder, insbesondere aber das deutsche Wirtschaftsleben, erschüttert? Antwort: Herr, bin ich ein Prophet? Aber eins will ich Ihnen verraten: Das geht nicht gut aus! Die Frommen wetten: mit einem Gottesgericht. Die Nazis schwören: mit dem Dritten Reich (Fälschung aus Bibel plus Marx). Ihr wollt hören: mit der Welt-Revolution! D. h. mit einem auf der ganzen Erde gleichzeitig aufflammenden Kampf des Proletariats. Ich, privat, stelle mir das so vor, daß das kapitalistische System im Zusammenbruch ist, daß aber dieser Zusammenbruch sich über mindestens ein Jahrhundert erstrecken wird, begleitet von Kriegen, Teilrevolutionen, technischen und ökonomischen Katastrophen; mit der ersten Etappe: Ende der Kolonialsklaverei. Frage: Halten Sie Severings Republikschutzgesetz, Brauns Beamtenukas, die Novelle zum Vereinsgesetz, die jede öffentliche Versammlung unter die Zensur eines beliebigen Polizeibeamten stellt, die verschärfte Filmzensur, den Zuchthausparagraphen 218 u. a. m. für kulturpolitische Maßnahmen, die geeignet sind, die Entfaltung der kulturellen Kräfte in Deutschland zu fördern? Antwort: Ihre zweite Frage enthält ein Gemisch von Dingen, die nichts miteinander zu tun haben und weder einzeln noch zusammen als kulturfördernd gewertet werden können. Severings Republikschutzgesetz erachte ich als verkehrt; es hat auch nicht das geringste zum Schutz der Republik beigetragen. Brauns Beamtenukas kann man als Einzelfaktor nicht angreifen; erstens, weil man es keiner Regierung verübeln kann, ihr feindliche Elemente aus der Beamtenschaft auszuschließen, zweitens, weil dieses Gesetz, erlassen zu einer Zeit, als sich keine Kommunisten mehr in der Beamtenschaft befanden, als Abwehr gegen die sogenannten National‚sozialisten' gedacht war. Ich halte die Novelle zum Vereinsgesetz für sinnlos, die Filmzensur wie jede andere für eine Kinderei und Anmaßung, den § 218 für barbarisch und unsittlich; und die ganze Frage als geeignet für eine Schularbeit in den Unterstufen der Parteiklasse. Frage: Wie denken Sie über die Einkerkerung von 50 kommunistischen Redakteuren in Gefängnissen und Festungen der deutschen Republik, und wie stellen Sie sich zu der Ermorderung von 33 Arbeitern durch die Polizei des Sozialdemokraten Zörgiebel am 1. Mai 1929? Antwort: Gegen die Einkerkerung von kommunistischen Redakteuren protestiere ich aus meinem Solidaritätsgefühl als Literat. Die Schandtaten des 1. Mai hat jeder vernünftige Mensch verdammt. Führend hat gerade dies das bürgerliche ‚Tage-Buch' getan. Frage: Welche Stellung würden Sie einnehmen, wenn die Arbeiter Deutschlands im Falle eines faschistischen

Putsches zur Gegenwehr schreiten? Antwort: Sie erwarten als Antwort natürlich: ich gehe auf die Barrikaden. Aber dabei entscheiden noch die Zweckmäßigkeit der gegebenen Umstände und der physische Mut. Und Mut ist eine Nervensache; so mutig kann jeder Esel sein. Ich ziehe vor, ehrlich zu sein, und sage: ich weiß es nicht. Doch wäre ich neugierig, zu wissen, wieviel Antifaschisten sich dann jenseits der Barrikaden aufhalten würden. Frage: Wie beurteilen Sie die Aussichten der Verwirklichung des Fünfjahresplans in der Sowjetunion? Ist Ihnen bekannt, daß die Arbeitslosigkeit dort nahezu liquidiert ist? Wie beurteilen Sie die kulturellen Aufstiegsmöglichkeiten in der Sowjetunion? Antwort: Über die Aussichten des Fünfjahresplans werde ich Ihnen Genaueres nach meiner für das Jahr 1933 geplanten Reise sagen. Statistiken der russischen Arbeitslosenziffern sind mir nicht bekannt; ich hoffe, daß dieses im Moment wichtigste Problem drüben gelöst ist. Die kulturellen Aufstiegsmöglichkeiten eines Sowjetsystems erachte ich für bedeutend günstiger als die der kapitalistischen Systeme; genau so, wie ich überzeugt bin, daß jene Portion allgemeiner menschlicher Boshaftigkeit, Dummheit und Hypokrisie, die kein System herabmindern kann, die großen Möglichkeiten an der Entfaltung hindern wird, dort wie überall. Doch darf diese Erkenntnis nie hindern, weiter zu kämpfen. Frage: Welche Stellung werden Sie im kommenden Kriege der kapitalistischen Mächte gegen die Sowjetunion einnehmen? Antwort: Das könnte Ihnen so passen, daß ich sage, ich werde mich als Kriegsberichterstatter freiwillig melden! Aber nein! Ich werde, trotz dem Bewußtsein meiner persönlichen Nichtigkeit, jede Kriegshandlung zu sabotieren suchen. Ich werde, nach Ausbruch, ein Kriegsdienstverweigerer, ein Drückeberger sein. Außerdem: wissen Sie schon Näheres darüber, mit welchen Verbündeten Rußland in das nächste Stahl- und Gasbad ziehen wird? . . . Und deshalb frage ich Sie zurück und fordere Antwort von Ihnen, so klar wie ich sie gebe: welche Stellung würden Sie im kommenden Kriege der roten Armee und der deutschen Reichswehr gegen Polen einnehmen? Frage: Halten Sie die deutsche Sozialdemokratie noch für eine sozialistische Partei? Antwort: Aber meine Herren! Ich habe schon seit 1914 die deutsche Sozialdemokratie, oder vernunftgemäß: ich habe ihre Repräsentanten nicht mehr für Sozialisten gehalten." (H. 36 (6. 9. 1930), Jg. 11)

Das war ein Programm – nicht nur des Schriftstellers Walter Mehring, sondern das Programm des Wochenblatts „Tage-Buch“, das von dem Moment an, zu dem das akut wurde, eine militant antifaschistische Linie hatte – das aber stets sich auch als konsequent anti-marxistisch verstand; sowohl in den publizistischen Arbeiten Leopold Schwarzschilds ausgedrückt, als auch in den Beiträgen der festen Mitarbeiter wie z. B. denen von Erich Welter, der nach dem Kriege die „Frankfurter Allgemeine Zeitung“ mitbegründete und herausgab. Daß diese Doppelauseinandersetzung auf höchstem Niveau stattfand, war nicht zuletzt das Verdienst Leopold Schwarzschilds, der sich keineswegs auf Wirtschaftsanalysen und politische Kommentare beschränkte, sondern auch selber die Disputation vorantrieb. Spektakulärstes Dokument war wohl eine Debatte mit Ernst Jünger, der im redaktionellen Vorspann zu einem langen Aufsatz über seinen Nationalismus-Begriff als Wortführer einer Ideenwelt vorgestellt wurde, für die sogar Hugenberg, Hitler und die Kommunisten noch reaktionäre Spießbürger seien; Jünger – „Manchen unserer Leser wird nicht einmal der Name Ernst Jünger bekannt sein“ heißt es zu Beginn –, wird zwar als glanzvoll schreibender Autor von ungewöhnlich literarischer Begabung präsentiert, aber sein Programm wird als „politisch erschütternd“ charakterisiert; dann, im Sinne des klassischen Liberalismus, kommt er zu Worte: „Was will denn der Nationalismus nun eigentlich? Ich kann hier nicht ausführen, daß er weder mit dem Monarchismus, noch mit dem Konservativismus, noch mit der bürgerlichen Reaktion, noch mit dem Patriotismus der wilhelminischen Ära das mindeste zu schaffen hat. Dies nämlich ist der ‚Nationalismus‘, wie er in den Tageszeitungen der Rechten und der Linken gezeichnet wird. Auch ist es nicht etwa ein Hauptkennzeichen des Nationalisten, daß er schon zum Frühstück drei Juden verspeist – der Antisemitismus ist für ihn keine Fragestellung wesentlicher Art. Für den, der Formulierungen nicht entbehren kann, sei gesagt: Der Nationalismus, soweit er eine politische Erscheinung ist, strebt den nationalen, sozialen, wehrhaften und autoritativ gegliederten Staat aller Deutschen an. . . . Der wahre Wille zum Kampf jedoch, der wirkliche Haß hat Lust an allem, was den Gegner zerstören kann. Zerstörung ist das Mittel, das dem Nationalismus dem augenblicklichen Zustande gegenüber allein angemessen erscheint. Der erste Teil seiner Aufgabe ist anarchischer Natur, und wer das erkannt hat, wird auf diesem ersten Teile des Weges alles begrüßen, was zerstören kann.

Nicht unsere Aufgabe ist es, auf Maßnahmen zu sinnen, die den außenpolitischen Druck erträglicher erscheinen lassen, die innerpolitischen Spannungen mildern könnten, an Wahlen teilzunehmen, die Konferenzen und Abstimmungen zu beeinflussen, uns mit sogenannten Volksentscheiden zu beschäftigen. Nicht unsere Aufgabe ist es, gegen den allgemeinen Verfall der politischen und sozialen Moral, gegen Abtreibungen, Streiks, gegen Aussperrungen, gegen Verminderungen der Polizei und des Heeres mit langen Tiraden zu Felde zu ziehn. Wir überlassen die Ansicht, daß es eine Art der Revolution gibt, die zugleich die Ordnung unterstützt, allen Biedermännern. Was hat denn das Elementare mit dem Moralischen zu tun? Dem Elementaren aber, das uns im Höllenrachen des Krieges seit langen Zeiten zum ersten Male wieder sichtbar wurde, treiben wir zu. Wir werden nirgends stehen, wo nicht die Stichflamme uns Bahn geschlagen, wo nicht der Flammenwerfer die große Säuberung durch das Nichts vollzogen hat. Wer das Ganze leugnet, der kann nicht aus den Teilen Früchte ziehen. Weil wir die echten, wahren und unerbittlichen Feinde des Bürgers sind, macht uns seine Verwesung Spaß. Wir aber sind keine Bürger, wir sind Söhne von Kriegen und Bürgerkriegen, und erst wenn dies alles, dieses

Schauspiel der im Leeren kreisenden Kreise, hinweggefegt ist, wird sich das entfalten können, was noch an Natur, an Elementarem, an echter Wildheit, an Ursprache, an Fähigkeit zu wirklicher Zeugung mit Blut und Samen in uns steckt. Dann erst wird die Möglichkeit neuer Formen gegeben sein." (H. 38 (21. 9. 1929), Jg. 10)

Dem kritischen Rationalisten, dem Historiker und Wirtschaftsexperten Schwarzschild mußte dies nicht nur ein Greuel und gefährlich sein, sondern vor allem abstrus. Diese aristokratische Heroen-Mystik eines Mannes, der Humanität einmal wegwerfend als eine „Angelegenheit der Straßenbahnpassagiere" bezeichnet hatte, diese Rittmeistermoral, der „der Verbrecher sympathischer als der Bettler" erscheint, schien dem jüdischen Bürger mehr als verdächtig – schien ihm keinerlei Lösung der Probleme anzubieten, keine politischen und auch keine geistigen. In einer furiosen Replik – „weil auch der Gegner Unterschiede respektieren muß" – ging er unter der Überschrift „Heroismus aus Langeweile" gegen die Pracht dieser Räusche an und die Bedrohung, die von ihnen ausgeht: „Aber was will der Nationalismus tun, immer wieder fragen wir's, was will er tun, wenn ihm die Zerstörung gelang? Welches werden die ‚neuen Formen' sein, deren ‚Möglichkeit gegeben' sein wird, wenn ‚dies alles, dies Schauspiel der im Leeren kreisenden Kreise hinweggefegt ist'? Wie soll nach durchgeführter Wegfegung praktisch die ‚Entfaltung' dessen aussehen, ‚was noch an Natur, an Elementarem, an echter Wildheit, an Ursprache, an Fähigkeit zu wirklicher Zeugung mit Blut und Samen in uns steckt'? Wie sieht so was aus? Werden wir's je erfahren? Nie! Diese Kleinigkeit bleibt freibleibend! ‚Das Leben selbst' hat darüber zu entscheiden. ‚Es ist meine Überzeugung, daß der Nationalsozialismus über genügend Energien verfügt, um ohne jedes Dogma auszukommen.' Einfacher gesagt: man wird dann schon was finden. Seltsame Verwirrung, dies Heraustreten vor die Nation, die Herausforderung zur Zerstörung alles Bestehenden, und dies Hinausschieben jedes Nachdenkens über die Neugestaltung! ‚Chaotische Kraftreserven' marschieren auf, ‚magische Nullpunkte' werden durchschritten, ‚magische Schmelzöfen' wollen uns aufnehmen, ‚mystische Bindungen' melden ihr Alleinbestimmungsrecht an, aber das alles spielt nicht die Rolle einer Erklärung, die ein Weltweiser zum Ringen und Grübeln irdischer Wesen gibt, sondern eines Hokuspokus, durch den man der Mühe konkreten Denkens überhoben wird. Ah, wie man über die dämonischen, mystischen, elementaren Züge in Cäsar, Napoléon, Bismarck reden kann, wie vieles sich so in ihrem Wesen, Werden und Wirken a posteriori erklären läßt. Aber was wäre aus ihnen geworden, wenn sie sich a priori auf mystische Kräfte verlassen und unter Berufung auf diesen Zauber ihren Intellekt in Urlaub geschickt hätten? ... Man kann in dieser Welt nicht alles vereinen. Man kann nicht Asket sein und Don Juan zugleich, obgleich beides mystisch und ästhetisch schön ist. Man kann nicht Bier brauen und zugleich Temperenz predigen, obwohl beides sich verteidigen läßt. Man kann nicht die Demut des Wirkens für einen Verband mit dem Rausch unverbundenen Aventurismus verkoppeln. Ich bin für Abenteurer, sie könnten herzerquickend sein, ganze, wilde, dämonische Kerle. Sie mögen in Afrika Neuland entdecken, sie mögen in Costarika Bananenwälder pflanzen, sie mögen in Monte Carlo ihr Hab und Gut auf zwei Kartenblätter setzen, – aber sie mögen in dieser privaten Sphäre bleiben! In der Gesellschaftssphäre, in der Volkssphäre handelt es sich um anderes. Wer Nationalist sein will, Diener der Nation, hat nicht mehr an seinen privaten Lebensstil zu denken, sondern an die Lebensvoraussetzungen der Millionen Menschen, die sich unter dem verführenden Namen Nation verbergen. Es sind die Voraussetzungen der Ordnung – irgendwelcher! – nicht der Abenteuerei, nicht des Elementaren. Insoweit der Mensch Teil der Nation ist – er ist keineswegs mit allem nur dies! – hat er den Anspruch darauf, daß sie ihm die Primitivitäten sichere, zu deren Sicherung sie existiert: Nahrung, Rechtssicherheit, Schutz gegen Gewalt und einige diffizilere Dinge. Nicht aber darf die Nation verindividualisiert werden. Nicht darf man sie als Person auffassen, die zu einem Lebensstil hingerissen werden durfte, den sie – da sie eben nicht Person ist, sondern nur ein Netz feinster Beziehungen und Bedingungen ist – ohne schwere Verwirrung dieses Netzes nicht überstehen kann. Und nicht darf man, vor allem, dieser nicht existierenden Person den Lebensstil aufzwingen wollen, den man der eigenen Person gemäß findet. Die gräßliche Langeweile, die das eigene Blut verdickt, ist kein Grund für kurzweilige Aderlässe an der Nation.“ (H. 39 (28. 9. 1929), Jg. 10)

Leopold Schwarzschild hat hier bereits etwas erkannt und analysiert, was erst Jahrzehnte später als Begriff entstand: Ästhetischer Faschismus. Es ist kein Zufall, daß sich in der deutschen

Geistesgeschichte noch heute mit dem Namen Ernst Jünger die Namen Gottfried Benn und Friedrich Sieburg verbinden, Namen von Autoren, die nie Nazis waren, die aber in unheilvoller Nähe zum Faschismus standen, von ihm versucht wie vom Gift des Bösen, fasziniert, wenn auch aristokratisch angeekelt. Zu elitär, um den schweißtriefenden SA-Mann neben sich dulden zu mögen, aber aus ihrem Hochmut und Lebens-Dégout – einer intellektuellen Einsamkeit wohl auch – verlockt von der Gloire der Macht und dem Fanal einer Revolution, deren Masse sich zu schimmernden Schäftern im Gleichschritt formierten: über ihnen die Regisseure. Leni Riefenstahl war die perfekte Ausformung dieses Konzepts, und „Triumph des Willens" hieß nicht zufällig ihr Film.

Wie kein anderer Publizist der sich selber zerstörenden Weimarer Republik hat Leopold Schwarzschild diesen Zersetzungsprozeß beobachtet; mehr noch: auf geradezu bestürzende Weise die Ursachen präzise analysiert. Liest man seine großen politischen Aufsätze heute noch einmal nach, so hält das Entsetzen der Bestürzung die Waage: das war ja alles gesagt, geschrieben, gedruckt – und angesichts dessen wird immer wieder frech gewagt zu sagen „man konnte es doch nicht wissen". Es verschlägt einem, liest man diese Artikel heute, nahezu den Atem; Golo Mann übertreibt mit keiner Silbe, wenn er Schwarzschilds politischen Verstand als „in der Geschichte der deutschen Publizistik nahezu beispiellos" bezeichnet. Diese grünen Hefte lesen sich wie eine grandiose Geschichte der Weimarer Republik, Darstellung, Kommentar und Analyse zugleich; Warnung und Menetekel. Schwarzschild faßt Ende 1931 zusammen: „Eine Minute des Gedenkens zuvor: 9. November! Dreizehnte Jährung des schimpflichen Tages, an dem Herr Friedrich Ebert, drapiert mit roten Fähnchen, sich ans Steuerrad des Umsturzes schob, – entschlossen, nichts umstürzen zu lassen, entschlossen, jedes Tüttelchen der erschlichenen Gewalt gegen diejenigen anzuweden, die ihn ‚beauftragt' zu haben glaubten, entschlossen, das rotbewimpelte Gefährt so rasch wie möglich in den weißen Hafen zu steuern. In mancher Gestalt trabt Hagen Tronje durch die deutsche Geschichte, treuer Lehnsmann der Burgunderfürsten, der dem tumben Eindringling Genossenschaft heuchelt und mit jedem Blick aus Biedermannsaug die Stellen abschätzt, die dem Mordspeer am wenigsten widerstehen werden. Nach dreizehn Jahren, im Pesthauch der letzten Verwesung des Organismus, den der feindselig widerstrebende Accoucheur schon bei der Geburt an Leib und Seele verseuchte, verblaßt jedes Vorbild in Sage und Geschichte. Aus Kleinbürgermuff bläht sich eine Kolossalfigur auf. Sie richtet, klebt, leimt, kittet. Welches sind die sozialen Mächte, auf denen das Gestürzte ruhte? Wie nach einem wissenschaftlichen Plan werden sie alle, ausnahmslos, verschwörerisch restituiert oder vor Schaden bewahrt. Das alte Offizierskorps: am 10. November ist es wieder eingesetzt und mit jedem Kniff und Pfiff wird Zuzug verhindert. Das Junkertum: Nicht ein Finger wird gerührt, die großen Latifundien aufzuteilen – ein Umsturz ohne Agrarreform, was die Weltgeschichte noch nicht sah! Die Bürokratie: Alles bleibt, wo es war, und wenn vorübergehend Konzessionsschulzen nötig sind, fliegen sie schon nach kurzer Frist wieder heraus. Das Großkapitel: ‚Die Sozialisierung marschiert', trompeten beschwörend die Litfaßsäulen; aber nie wird auch nur ein Finger gerührt, und rasch beginnt die ausschweifend-wütendste Periode des Enrichissez-vous, die in aller Vergangenheit erlebt ward. Das sind, mit Justiz, Universitäten und Schulen, die materiellen Restitutionen. Aber noch verheerender sind die ideologischen. Herr Friedrich Ebert stellt sich vor Wilhelm zwo, vor die Lüderlichkeit und

Psychopathie dieses Operettenregimes, und es wird de rigueur, den parfümierten Deserteur mit Deutschland zu identifizieren. Deutschland zu belasten mit der Advokatur seiner Bankerotteure. Wo niemand furchtbarer anzuklagen hatte als dies Volk, – anzuklagen wegen Narretei, Dilettantismus, in Grund und Boden verderbter Höflingswirtschaft, – dort wird die patriotische Gemeinschaft zwischen Ruineuren und Ruinierten proklamiert und eben dadurch jene Entwicklung eingeleitet, die den Ruinierten unter der Maske des Patriotismus allmählich wieder die Ruineure aufdrängt. Eine gerade Linie, im Geistigen wie im Sachlichen, von 1918 bis 1931, von Ebert, Fritz, zu Hitler, Adolf." (7. 11. 31)

Hier schwadroniert kein aufgeregter Feuilletonist, kein Barrikadensänger oder Propagandist; hier arbeitet ein Trancheur, ein Denker von wissenschaftlicher Präzision und ein Autor, der niemals nur brillant ist, sondern dessen stilistische Funken aus sehr sorgsam gehandhabter Schmiede stieben; „einer der größten Publizisten, die je in deutscher Sprache geschrieben haben", wird Kurt Sontheimer ihn einmal nennen. Und einer der großen Kämpfer für Demokratie, kann man hinzufügen; denn das Großartige seiner Arbeiten liegt auch darin, daß er kämpfte bis zuletzt, nicht aufgeben wollte und durch Klarheit in den Köpfen eine Klärung der politischen Lage zu erreichen suchte. Ein Aufklärer im klassischen Sinne des Wortes. Ein Jahr nach seiner Bilanz der Republik, im Dezember 1932, veröffentlicht er seinen Aufsatz „Dämmerung": „Die Bilanz, die am Jahresstichtag gezogen zu werden pflegt, hatte dreimal hintereinander immer grauenhafter ausgesehen. Wirtschaftlich ein Absinken von Schwierigkeiten zur Krise, von der Krise zum Starrkrampf und zur Verwesung. Politisch ein Hineingleiten in immer militantere auswärtige, immer gegenrevolutionärere innere Verhältnisse. Geistig aber eine ständig wachsende Unfähigkeit, die Ursachen dieser galoppierenden Entwicklung zu erkennen, eine immer rabiatere Besessenheit, als Medizin immer zügelloser gerade jene Mittel anzuwenden, durch die das Fieber erst entstanden war und durch die es infolgedessen nur immer höher gepeitscht wurde. So entsetzlich waren die gesamten Verhältnisse unter diesem Amoklauf schließlich geworden, daß wir vor einem Jahr hier sagen konnten: ‚Wenn etwas am Verlauf des Jahres 1931 überrascht, so nur eines: daß es ohne politische Explosionen vorbeiging. Dies, in der Tat, war nicht zu vermuten. Daß der Weg, auf dem wir ins neue Jahr hineinmarschierten, zu Verhängnis über Verhängnis führen müsse, war für jeden sichtbar, der über einige Kenntnisse und normale Kombinationsfähigkeit verfügt. Über den Grad der Leidensfähigkeit des menschlichen Geschlechts aber, über seine Nervenkraft und über die Abneigung aller Entwicklung, sei es sogar die trübste, gegen dramatische und konzentrierte Ereignisse, sammelt man immer wieder erstaunliche Erfahrungen.‘ Und dennoch war damals, angesichts der herrschenden Umstände, der herrschenden Doktrinen und der herrschenden Menschen, auch für 1932 nichts anderes zu prognostizieren, als daß es weiter abwärts gehen werde. ‚Die entscheidende Lehre des Jahres 1931‘, war es hier zusammengefaßt, liege in der Erkenntnis, daß wir ‚verurteilt sind, immer tiefer in die Morbidität zu geraten. Denn keine ihrer Ursachen ist beseitigt oder auch nur gelindert, täglich aufs neue werden wir mit den krankheitserregenden Bazillen gefüttert.‘ Es war der denkbar pessimistischste Ausblick, gemildert nur durch die Erwägung: nach den Erfahrungen von 1931 sei es immerhin möglich, ‚daß auch 1932 schließlich doch ‚nichts passieren‘ wird.‘ Aber selbst diese Möglichkeit war unsicher. ‚Der Punkt, der 1931 noch nicht erreicht wurde, kann 1932 überschritten werden, der Kessel, der 1931 noch hielt, kann 1932 dennoch platzen.' Er ist in einem Grade dem Platzen nahegekommen, der uns vielleicht erst in künftigen Jahren ganz klar ermeßbar werden wird! Die Entwicklung dieses deutschen Jahres 1932, das für die Historiker und Politiker späterer Epochen ein Studienobjekt allerersten Ranges sein wird, war zunächst ein taumelnder Endgalopp zur Katastrophe, zum Kladderadatsch des plebejisch- oder feudalfaszistischen Umsturzes, – mit allem, was ihm folgen mochte: Terror, Reichsverfall, Hunger, Barbarei." (H. 53 (31. 12. 1932), Jg. 13)

Als er das schrieb, wußte Schwarzschild schon, daß er seine Zeitung nicht mehr lange würde in Berlin publizieren können. In einem Brief Thomas Manns an seine Kinder Erika und Klaus vom 25. Mai 1932 findet sich diese Notiz: „In journalistischer Hinsicht habe ich auch L. Schwarzschild auf Dich hingewiesen, der mich neulich besuchte, weil er hier den Boden sondierte und, denkt euch, die Verpflanzung des ‚Tage-Buchs' nach München plant. Wir haben uns lange über die Frage unterhalten, die ja eine große und interessante Frage ist. Natürlich muß er fürchten, von den Generälen verboten zu werden. Aber ob er in der Münchner Luft gedeihen kann?“ (Thomas Mann, Briefe 1889–1936, S. 318/19)

Er konnte nicht. Zwar druckte er fast genau am Tage dieses Briefes einen zweiteiligen Aufsatz „Die Gegenkräfte“, der beweist, wie profund Schwarzschild Diagnose mit Therapievorschlägen zu verbinden wußte und wie illusionslos-pragmatisch er argumentierte: „Wir haben klarzustellen versucht, ob und unter welchen Bedingungen es möglich wäre, noch einmal einen mittelbürgerlichen Block gegen den Ansturm des Nationalsozialismus auf die Beine zu bringen. Die Frage ist deshalb von Bedeutung, weil die staatliche und gesellschaftliche Macht heute vollkommen in bürgerlicher Gewalt ist und weil der Einfluß einer anti-hitlerischen Bürgerbewegung infolgedessen über die offiziell parlamentarische Wirkungsmöglichkeit hinausreichen würde. Wenn es eine fühlbare Anti-Hitlerströmung mittelbürgerlicher Provenienz gäbe, so würde das einen gewissen Eindruck auf die ebenfalls bürgerlichen Elemente in Wirtschaft, Regierung, Bürokratie und Justiz machen, es würde in die Machtzentren außerhalb des Parlaments gewisse Bremsen gegen die volle Faschisierung einschalten, – wie starke Bremsen, steht dahin. Eine neue mittelbürgerliche Gruppenbildung gegen Hitler wäre ein Ereignis innerhalb der herrschenden Schicht, und somit von Bedeutung – gleichviel wie weittragend – für die Art, in der die gesellschaftlichen und staatlichen Exponenten dieser Schicht ihre Herrschaft ausüben. Ganz anders steht es mit der Arbeiterschaft. Erörterungen über eine antifaschistische Blockbildung zwischen ihren Parteien, – die sogenannte ‚Einheitsfront' von Sozialdemokraten und Kommunisten, – sind im Schwang und halten eine ganze Reihe von Federn in Bewegung. Prominentester Verkünder dieser Politik ist Trotzki, der Unermüdliche, der dem Problem soeben ein ganzes Buch gewidmet hat (‚Was nun?' Verlag Anton Grylewicz, Berlin-Neukölln). Sowohl Trotzki jedoch wie die kleineren Debatter übersehen offenkundig die aktuellste Seite der Frage. Was sie erörtern, betrifft nur die Möglichkeit, ob Sozialdemokraten und Kommunisten überhaupt zusammenkommen können, – was angesichts einer vierzehnjährigen Todfeindschaft gewiß nicht leicht ist, – und ob sie zusammenkommen dürfen, wofür es in Ziel und Doktrin nicht weniger steile Hindernisse gibt. Aber das alles, so schwierig es sein mag, bleibt ja sozusagen noch im Hintergrund. Zur drängendsten Problematik gelangen wir erst, wenn wir einmal voraussetzen, die Verbrüderung sei tatsächlich verwirklicht, und wenn wir uns dann fragen, auf welche Weise das, in der gegebenen Situation, denn als Wall gegen die drohende Faschisierung wirken sollte. In den offiziellen Kanälen der staatlichen Machtausübung bliebe das Ergebnis sicher ohne Folge; denn in keinem der Parlamente könnten Sozialdemokraten und Kommunisten zusammen die Macht übernehmen, und in keinem fänden sie Koalitionsgenossen. Es bliebe also nur die sozusagen inoffizielle Wirkung, der verstärkte Druck der neuen Gruppe auf die herrschenden Gewalten. Aber hier zeigt sich deutlich der Gegensatz zu der Wirkung, die eine neue bürgerliche Antihitlerbewegung hätte. Eine bürgerliche Antihitlerbewegung wäre ein Ereignis innerhalb der herrschenden Klasse, sie würde also die Machtausübung dieser Klasse positiv beeinflussen. Ein proletarischer Antihitlerblock aber wäre ein Ereignis außerhalb der herrschenden Klasse, ja, konträr dieser Klasse, sie würde also ihre Machtausübung nicht positiv, sondern nur negativ beeinflussen." (H. 20 (14. 5. 1932), Jg. 13)

Zwar veröffentlicht er ein halbes Jahr später eine seiner hellsichtigsten Analysen über die Beziehung Hitlers zur Großindustrie, deren Angestellter für ihn der österreichische Gefreite ist und der er voraussagt, daß sie sich einen Kommis engagiert hat, der nicht nur mit der Kasse durchbrennen, sondern der alles verbrennen wird: „Die Geschichte des Politikers Adolf Hitler beginnt mit einer Löhnung, die ihm anno 1919 ein bayerischer Truppenteil aussetzte. Als Gegenwert hatte er den Gemeinen jenes Regiments üble Dinge über die Roten zuzuflüstern, auf daß sie tauglicher zum inneren Krieg würden. Einige Monate später vergrößerte und veredelte sich die Löhnung zu einer Subvention, gewährt vom (oder mindestens ausgezahlt im) Bayerischen Kriegsministerium. Woher die Mittel stammten, wird sich niemals mehr aufklären lassen, es sei denn, der heutige Reichsbannerführer, der damalige Ministerial-Major Mayr hinterließe Memoiren über jene Münchner Periode. Aber ist es nötig, näheres zu wissen? Keinesfalls stammten die Gelder von Unbemittelten, und so oder so bleibt es für die Naturgeschichte der Existenz Hitler bezeichnend, daß er seine Laufbahn als Söldling begann, als heimlich bezahlter Angestellter. Es ist vollkommen klar, daß diejenigen, die zahlten, nie eine andere Auffassung von der Sache hatten als eben die eines Angestellten-Verhältnisses. Was die Firma brauchte, war einerseits: den schon vorhandenen Kundenstamm der proletarischen Konkurrenzfirmen wieder zu sich herüberzuziehen; andrerseits: den gefährdeten Teil des eignen Kundenstamms, nämlich das verproletarisierende Kleinbürger- und Bauerntum, vom Abschwenken zur Konkurrenzfirma zurückzuhalten. Beides war nur möglich durch Verbreitung einer Ideologie, die den fundamentalen ökonomischen Grundsatz verschleierte und andere, Pseudo-Gegensätze an seine Stelle schob. Mit dem Phrasengewäsch, das zu diesem Zweck nötig war, hatte der Mann Adolf Hitler in kleinstem Kreis Glück gehabt. Gern gab man ihm die Mittel, seine Agentur auszuweiten, und jede geglückte Expansion war nur Anlaß, noch weiter in der Finanzierung zu gehen. Es war ein typischer Reklame-Erfolg. Was veranlaßt bis nach Afrika und Asien die Menschen, Odol für das herrlichste aller Elixiere zu halten, und eine bis zwei Mark für eine Flasche zu zahlen, deren Inhalt sie sich aus Wasser und einem Schuß Pfefferminz für wenige Pfennige selbst herstellen könnten? Weder der Kommerzienrat Lingner noch einer seiner Nachfolger hat je bestritten, daß ausschließlich die phantastische Zahl von Millionen, die im Laufe der Jahre für die Propaganda ausgegeben wurden, das Wunder dieses Absatzes wirkte. Es besteht die absoluteste Parallelität zwischen dem Erfolg des Odol und des Nationalsozialismus. Ein Unterschied liegt höchstens darin, daß die Propaganda dort nur der Ware galt, hier auch dem angeblichen oder wirklichen Erfinder. Das liegt indessen im Wesen des Artikels, das mußte mit in Kauf genommen werden. Der zahlenden Schicht mochte es unangenehm sein, daß zugleich mit den Phrasen, deren Verbreitung sie finanzierten, auch die Hitler'sche Heilands-Legende verbreitet wurde, die Legende der Tausendjahrsbedeutung dieses Angestellten, die Legende seines göttlichen Anspruchs auf die Firmen-Direktion; vermeiden ließ es sich nicht, galt auch als minder wichtig. Der Angestellte selbst, so nahm man an, werde seine Angestellten-Rolle schon nicht vergessen. Und wenn er es täte, so tröstete man sich, werde man ihn die Abhängigkeit schon fühlen lassen können." (12. 11. 32)

Zwar gibt er selbst im Februar 1933 noch nicht alles verloren, beschwört geradezu die Reste von intakten Gruppierungen und Mächten, gleichsam nach dem Modell eines erkrankten Organismus Abwehrkräfte aus sich selber heraus zu entwickeln: „Man hat, um einen den Junkern und Schlotbaronen nicht restlos botmäßigen General aus der Reichskanzlei verjagen zu können, den Führer einer Partei zum Kanzler gemacht, deren aktivster Kern aus Sozialrevolutionären besteht. Adolf Hitler, koaliert mit Hugenberg und Herrn von Papen, wird nicht lange Reichskanzler sein, ohne diese seine Kerntruppe zu verlieren. Und vielleicht wird die Reitpeitsche des neuen Kanzlers auch die schlafenden Kräfte der deutschen Demokratie wecken und stählen. Nicht nur Herrn Hitler, auch ihr hat die Unverfrorenheit der heute Deutschland beherrschenden Schicht eine Chance gegeben. Noch sind, um von den Arbeiterparteien zu schweigen, die Organisationen der Gewerkschaften unerschüttert und stark genug, um allzu gewagte Exzesse des neuen Regimes verhindern zu können. Noch vor allem ist das Bedürfnis der Massen nach Arbeit und Brot vorhanden, ein heißes Bedürfnis, das die Scharen der Hitlergläubigen ebenso spüren wie ihre ‚marxistischen' Leidensgenossen. Ob es noch eine neue Reichstagswahl gibt oder nicht: die Massen, deren Gefolgschaft noch immer eine stärkere Basis der Macht Adolf Hitlers ist als das Vertrauen, das ihm im Reichspräsidentenpalais geschenkt wird, die Massen werden zu denen strömen, die einen klaren Weg zu Brot und Arbeit weisen. Unter den Fahnen eines schlagkräftigen Arbeitsbeschaffungsprogramms würden auch heute noch stärkere Bataillone formiert werden können als die Sturmtruppen Adolf Hitlers." (Kanzler Hitler S. 235, 4. 2. 1933)

Aber:
Alles vergebens. 2 Wochen nach dem Reichstagsbrand floh Schwarzschild von München nach Österreich und weiter nach Prag. Dort gab es – so schreibt u. a. Tucholsky an Walter Hasenclever am 11. 4. 33 – ein Interesse der tschechoslowakischen Regierung, die Zeitschrift, (wie auch die „Weltbühne") als Exilzeitschrift neu herauszugeben. Aus einem erst jetzt von Bernd Sösemann veröffentlichten Briefkonzept Thomas Manns fast desselben Datums (6. 4. 1933) geht hervor, daß Leopold Schwarzschild schon vor Erscheinen des letzten Heftes Überlegungen über ein Fortführen der Zeitschrift im Exil gemacht hat. Laut Sösemann begrüßte Th. Mann seine Absicht, im Exil das Tage-Buch „‚als Organ des freien deutschen Gedankens' wiedererstehen zu lassen, da ‚der deutsche Gedanke nun zum guten und vielleicht besten Teil außerhalb Deutschlands sein Leben (wird) führen müssen' und da eine gleichgeschaltete Kunst in einem ‚totalen' Staat ‚der Ergänzung und Korrektur durch ein außerstaatliches deutsches Geistesleben bedürfen wird, wenn das Bild deutschen Wesens vollständig bleiben soll'

(Thomas-Mann-Archiv, Zürich; Konzept vom 6. IV. 33, Bandol [Var.]). Zu den damaligen Mitarbeitern am *Neuen Tage-Buch* gehörten Ludwig Marcuse, Joseph Roth, Walter Mehring, Klaus Mann, Konrad Heiden, Louis Fischer als Rußland-Korrespondent und Rudolf Olden, der schon in den früheren Jahren als festangestellter Redakteur des *Berliner Tageblatts* im *Tage-Buch* geschrieben hatte." (Bernd Sösemann, Das Ende der Weimarer Republik in der Kritik demokratischer Publizisten, S. 190)

Diese Neugründung unter dem Titel „Das neue Tage-Buch" konnte er in Paris mit Hilfe des holländischen Anwalts J. C. S. Warendorf erreichen, der in der Verlagsgesellschaft „Société Neéderlandaire d'Editions" über ein Stammkapital von 200 000,– Francs verfügte.

Was Schwarzschild mit seiner neuen, von allen Grüppchen, Parteigruppierungen und Querelen sich weitgehend freihaltenden Zeitschrift leistet, ist eine singuläre Leistung. Das Wort „prophetisch" bietet sich an, liest man seine unentwegten Appelle an die Alliierten, an das Ausland, an Antifaschisten in aller Welt; doch das Wort wäre falsch – es enthält ein Element des Irrationalismus, der Schwarzschilds Denkweise zutiefst fremd ist. Das eben ist ja das Frappante seiner Artikel und seines ersten Buches in der Emigration „Das Ende der Illusionen“: Alles basiert auf kühler, genauester, gleichsam mikroskopischer Untersuchung. Die Fakten zählen, und man muß sie nur werten und einordnen können, dann kann man auch Entwicklungen zeigen, die sich erst anbahnen: „Die Methode des Kapitulierens wird wahrscheinlich doch irgendwann in einen Krieg aufplatzen. Er wird umso verzweifelter und aussichtsloser werden, je mehr Kapitulationen schon vorausgegangen sind. Aber gerade wenn sie friedlich durchgepaukt werden könnte, hätte sie nur dieselben Folgen, wie wenn Deutschland einen Krieg gegen Europa gewönne. Der europäische Kontinent würde teils annektiert, teils zum ausgebeuteten Vasallen werden. Überall würde das hitlersche Diktatursystem etabliert. Für England wäre sein Weltreich, seine Schiffahrt, seine ganze Wirtschaftsbasis unhaltbar.“ (Ende der Illusionen S. 156)

Schwarzschilds Methode ist die eines Arztes, angewandt auf die Gesellschaftswissenschaft. Er ist vollkommen frei von jeglicher Ideologie, will weder als marxistischer Chirug den Blinddarm links herum herausoperieren noch als antimarxistischer Gynäkologe ein Fünfmonatskind präsentieren. Er ist lediglich ein höchst akkurater Beobachter – und kann mit stringenter Logik solchermaßen beobachtete Details zu einem Krankenbild von grausamer Schärfe zusammenfügen: „Der französische Botschafter in Berlin, Cambon, hat vor dem Krieg ein Wort aufgezeichnet, das ihm der Staatssekretär von Kiderlen-Wächter sagte: ‚Es gibt keine Verrücktheit, von der man das deutsche Volk nicht durch eine Pressekampagne von vier Monaten überzeugen könnte.' Vielleicht gilt das für Deutschland in besonderem Grade. . . . Der deutsche Paroxysmus dieser Gegenwart ist gewiß seiner Art nach eine Spezialität. Diese Orgie von kultureller Ahnungslosigkeit war noch nicht da. Von den Lehrstühlen, aus den Forschungsinstituten fliegen die Meister und werden ersetzt, nicht etwa durch hoffnungsvoll aufstrebende, sondern durch Nullen, von denen niemand auch nur den Namen, geschweige eine Leistung kennt. Wo nirgendwo ein Denkmal menschlichen Geistes sich erhebt, sitzt ein Niemand und lädt seinen Unrat ab. Unrat auf alles, was jahrhundertelang gereift ist: auf Rechtsbegriffe, Dichtung, Theater, Geschichtsschreibung, Nationalökonomie, Logik, Ethik, Erziehung; alle Bestände erst mal besudelt im Namen eines neu zu Schaffenden, von dem noch nichts zu sehen ist, weder die allerdünnste Knospe, noch ein Stamm, der die Knospe tragen könnte. Das ist ein Novum. Noch neuer ist die Gottheit, die den Namen ‚Nordische Rasse' trägt, diese Gottheit, deren Verherrlichung darauf hinausläuft, daß der Gläubige sich selbst, seine eigene Baldur-Schönheit, seine eigene Donar-Kraft, seine eigene Wotans-Weisheit anbetet. Diese Religion des unvergleichlichen Ich, des unvergleichlichen Wir, des ständigen Kniefalls vor sich selbst, Herren-Rasse, Führer-Rasse, Inbegriff der Stärke, des Instinkts, des Adels, Salz der Erde, Genesung der Welt, – sie hatte noch in keinem anderen Land, unter welchem System auch immer, ein Vorbild. In keinem ernennt man Christus zum Franzosen, Engländer oder Italiener, die Griechen und Ägypter zu Romanen oder Mongolen. In keinem anderen gibt es diese charismatische Lehre, die einem Volk nicht mehr nur bestimmte Ziele, irgendeiner bestimmten Lage entsprechend, zuweist, sondern die ganz allgemein seine eingeborene, blutbestimmte, noch nicht verwirklichte, aber in Bälde zu verwirklichende Superiorität über alles, was da sonst noch kreucht und fleucht, behauptet. Und hinter dieser Lehre klirren unentrinnbar die Waffen. Sie ist die Agression nach jeder Richtung und in Permanenz, ist Attila, der Eroberer, im zwanzigsten Jahrhundert, ist die ständig parate grüne Fahne des Propheten, – und das Verwirrendste des Paroxysmus besteht darin, daß er nicht etwa in den geläufigen Formen konvulsivischer Geistesstörung auftritt, sondern mit einem scharfsinnigen Spezial-Verstand. Denn es war Verstand, mit dem die Flammen des Reichstagsbrands entzündet, die Terrorpferche der Konzentrationslager errichtet, einige hunderttausend Judenexistenzen dem eignen Troß als Beute vorgeworfen, die Verbündeten an die Wand gequetscht, die Gläubiger um ihr Geld geprellt, die sozialistisch umschmeichelten Arbeiter gedrosselt, die verheißungsbombardierten Mittelständler verraten, Christi Kirchen und Sakramente gehakenkreuzigt wurden. Es ist ein scharfsinniger Spezial-Verstand, der die Außenpolitik gerade auf die Tatsache basiert, daß die Gegenspieler eben Abstrakt-Pazifisten sind. Man könnte, statt vom gesunden, von einem kranken Verstand reden.“ (Ende der Illusionen S. 97ff.)

Leopold Schwarzschild, Jude und Bürger, verjagter Deutscher, der sich 1940 nach New York knapp retten konnte vor seinen Landsleuten, Rufer in einer Wüste, die er hassen mußte, weil er sie geliebt hatte, war kein Seher – aber er hatte hingesehen; war kein Sentimentaliker – aber er hatte gefühlt; war kein Illusionist – aber er hoffte; war kein Ratgeber – aber ein Verräter ihrer Anschläge: „Nie war etwas sicherer als dies. Nie war ein Fall so klar wie dieser. Es ist nicht zu beweisen, – so wenig wie das Gegenteil, – aber es liegt in der Logik der Dinge selbst: ein Deutschland, das den Revolver auf sich gezückt sieht und absolut weiß, daß er abgeschossen würde, wird, ohne daß wirklich geschossen werden müßte, seinen unfertigen Revolver vorerst noch abgeben. Es ist eine höchst banale Sache, offenbar zu banal für westliche Ohren. Aber für die Ohren des heutigen deutschen Regimes ist sie, und nur sie, gerade richtig. Ich weiß: wenn die Machthaber in Berlin miteinander reden, so finden sie Europa zum Küssen nett; in ihre zuversichtliche Heiterkeit mischt sich zuweilen nur die eine Sorge: daß diese sanfte, dumme Welt im letzten Augenblick vielleicht doch noch so verfahre, wie sie selbst mit Sicherheit verfahren würden. Konfrontiert mit einer Forderung, welchen Inhalts auch immer, und konfrontiert mit der Gewißheit, daß ihre Ablehnung Krieg wäre, Niederlage, Aufstand, Verlust der süßen Gewohnheit des Herrschens, würde alles geschluckt, nichts verweigert werden. Und dem eignen Volke würde gar noch erzählt, daß in Wahrheit ein Triumph errungen wurde. Was will man haben? Was hält man für nötig, um die Drohung, die Europa den Atem schnürt, zu sprengen? Nur Stoppung weiterer Rüstung, oder schon Zerstörung bestehender? Nur Einstellung von Fabrikation, oder schon Schleifung von Fabriken? Die Experten des Luft- und die Experten des Landkriegs mögen die Listen ausarbeiten. Ein Europa, das die Stunde versteht, das mit den neuen deutschen Machthabern in ihrem eigenen Wortsinn deutsch zu reden weiß, wird, auf den Spitzen der Bajonette, alles, was es will, nach Hause tragen – und ohne daß auch nur ein einziges Bajonett benutzt, ein einziger Tropfen Blut geflossen wäre. Mit Gewalt und doch ohne Krieg, läßt sich noch heute der Eilmarsch Europas zum Vernichtungskrieg bremsen. Aber nur mit Gewalt. Und nur noch einige Monate. Nach Ablauf dieser Monate braucht noch nicht der Krieg zu kommen; das kann sich noch viel länger, noch jahrelang hinziehen. Nach Ablauf dieser Monate ist nichts mehr zu bremsen.“ (Ende der Illusionen S. 261 f.)

Alles, wovor er warnend die Stimme einer strahlenden Vernunft erhoben hatte, traf ein; genau, bis aufs Wort. Von Menschen wie ihm blieb Gebein oder Haar; und niemand hatte etwas gewußt – nicht zuvor, nicht während dessen, nicht hinterher. Von Europa blieb Asche.

Nachkriegsdeutschland hat sich an Leopold Schwarzschild nicht erinnert, ihn nicht wahrgenommen, nicht aufgenommen, ihn nicht geehrt. Sein Grab liegt in der Fremde – wie die Gräber von Marx oder Einstein, Heine oder Thomas Mann.

Es ist gute Zeit, seiner zu gedenken.